KB264984

그날은 못 갔는데 오늘은 가야겠다

그날은 못 갔는데 오늘은 가야겠다

[이매진의 시선 30]

그날은 못 갔는데 오늘은 가야겠다

엑스 세대와 엑스 쓰는 세대가 함께 쓴 광장 연대기

초판 1쇄 2025년 12월 21일

지은이 임은경

펴낸곳 이매진 **펴낸이** 정철수

등록 2003년 5월 14일 제313-2003-0183호

전화 02-3141-1917 **팩스** 02-3141-0917

이메일 imaginepub@naver.com

블로그 blog.naver.com/imaginepub

인스타그램 @imagine_publish

ISBN 979-11-5531-160-8 (03300)

차 례

노트북 앞에 앉아 이 글을 쓰던 저녁, 마침 텔레비전 화면은 깜깜한 여의도 밤거리를 비추고 있었다. 12·3 계엄 1주년을 맞은 날이었다. 올 겨울 들어 처음으로 낮 최고 기온이 영하로 떨어질 만큼 매서운 한파가 몰아닥친 날이기도 했다. 이 날 국회 앞에는 시민 3만 명이 모여 깃발을 들고 응원봉을 밝혔다. 1년 전 같은 장소를 가득 메운 광경하고 똑같았다.

광장 청년들이 집회 일정을 공유하는 게시판이자 커뮤니티인 엑스(옛 트위터)도 이날 유난히 북적댔다. 현재 엑스에 가장 많이 올라오는 게시물이 무엇인지 알려 주는 '실시간 트렌드' 상위를 차지한 키워드는 '벌써 일 년'이었다. 잠옷 위에 패딩을 걸치고 국회로 뛰어간 1년 전 사진들도 재게시됐다.

한편 '벌써 일 년'의 열 배쯤 되는, 숫자 단위가 다른 게시물을 생산한 키워드가 그 전날부터 엑스를 도배하고 있었다. 바로 '동덕여대'였다. 동덕여자대학교가 결국 남녀 공학으로 전환한다는 발표를 접한 '트위터리안'들이 폭발적으로 반응한 덕분이었다. 그런데 정작 미디어에서는 계엄 1주년 기사에 묻혀 이 소식이 거의 보이지 않았다. 엑스에서 유례없는 트윗이 쏟아진 모습하고는 정반대였다.

2025년 12월 그 밤 이후 광장에 나와 불을 밝힌 이들 중에서 깃발과 응원봉을 든 청년들이 특히 주목받았다. 실제로 광장에서 청년이 차지하는 비율도 높았다. 그런데 광장의 외침은 언론과 정치에 얼마나 반영됐을까. 정권은 교체됐지만, 내란 세력은 말끔히 청산되지 않았다. 극우 성향 청년들이 목소리를 높이는 사이에 여당 소속 '청년 정치인'은 성추행 의혹에 휩싸였고, 20대와 30대 '쉬었음' 인구는 73만 6000명으로 사상 최대치를 기록했다. 모두 힘을 합쳐 박근혜를 몰아낸 노력이 소수 특권층의 성과로 탈바꿈한 일을 우리는 기억하고 있다.

12월 21일, 우리는 또 다른 1주년을 맞았다. 농민들이 꾸린 전봉준 투쟁단이 벌인 트랙터 행진, '남태령 대첩' 1주년이다. 우리 사회에서 가장 약자인 여성 청년과 성소수자 등이 마찬가지로 약자인 농민에게 달려가 연대했고, 130년 전 우금치를 끝내 넘지 못한 뒤 늘 지기만 하던 농민들이 처음으로 승리한 날이었다. 내가 만난 청년들이 대부분 관련돼 있고 광장의 청년들이 '말벌 시민'으로 진화해 활동하는 도화선이 된 날이다.

이 책은 '엑스 세대'가 광장에서 '엑스 쓰는 세대'를 만나 청년들 목소리에 귀 기울인 기록이다. 나는 2025년 5월부터 10월까지 모두 여덟 명을 만나 나눈 이야기를 정리해 인터넷 신문 《프레시안》에 연재했다. 엠지 세대를 만나서 대화하려면 온라인 공간에 친숙해져야 했다. 청년들은 집회 일정 공유, 의견 개진, 토론 등을 거의 모두 사회 관계망 서비스^{SNS}를 거쳐 진행했는데, 그중 엑스는 엠지 세대가 가장 많이 이용하는 매체였다.

인터뷰를 꼭 하고 싶어 여러 번 연락하다가 결국 못 만난 청년도 여럿이다. 2025년 1월 초 한남동 키세스 집회부터 계속 광장에 나와 '광장의 말'을 꾸준히 기록한 활동가도 그중 한 사람이다. 연락이 닿은 때 하필 몸이 아파 쉬는 중이었는데, 성실하게 활동하지 못한 사람은 말할 자격이 없다고 생각한다며 인터뷰를 고사했다.

인터뷰한 뒤에 광장 활동이 줄어들어 결국 못 보게 된 청년도 있다. 혹시 인터뷰가 영향을 끼친 걸까 싶어 오래 마음이 쓰였다. 그래서 인터뷰 기사를 내보낸 뒤에는 인터뷰이들 계정을 자꾸 살피게 됐다. 익명성을 기반으로 한 엑스에서는 발언 하나로 욕을 먹는 일도 흔한데 하물며 인터뷰는 어떨까 조심스러운 마음이었다.

1년이라는 시간이 흐른 지금, 엑스를 통해 만난 청년들은 말벌 시민이 돼 여전히 활발히 활동하고 있다. 광장 이후 몹시 바빠진 후주는 아예 서울에 집을 구해 활동하면서 여기저기 토론회와 강연에 불려 다닌다. 책 모임과 심포지엄, 아카이빙 작업 등 남태령을 기억하려는 일에도 열심이다.

노동조합을 통해 청년 문제를 고민하고 싶다던 승유는 바람대로 창원에서 교육공무직(학교 비정규직) 노동조합 상근자가 됐다. 취직하자마자 노조가 전국 파업에 들어가는 바람에 서울을 오가며 바쁜 시간을 보냈지만, 지금 더없이 행복하다고 한다.

예은은 물류센터에서 아르바이트를 하고 마지막 학기 수업을 들으며 졸업을 준비하고 있고, 2025년 8월로 청소년 신분을 완전히 벗어난 샤샤는 한 재단의 인권 운동 지원 사업에 선정돼 차별금지법을 널리 알리는 활동을 벌이고 있다. 청년 정치 세력화를 고민하는 지희는 지방 선거에 출마하기 위해 사람들 속에서 신뢰를 쌓는 중이고, 순부는 무지개행동 사업에 열심이며, 당근은 주요 광장마다 참여해 무지개 깃발을 휘날리고 있다.

엠지는 개인주의적이라고 누가 그랬던가. 누가 뭐래도 지난 광장의 주인공인 이들을 만나 대화하며, 나는 그동안 잘 모르던 엠지 세대의 또 다른 모습을 봤다. 광장은 마무리 됐지만, 광장의 청년들 이야기는 아직 끝나지 않았다. 광장을 통해 세상에 눈뜬 청년들은 노동자, 농민, 장애인 등 확장된 '나들'이랑 연대하러 오늘도 집을 나선다.

"그냥 가서 연대하면 되는 거구나"

'불벼락' 맞은 '벼락 활동가' 김후주

김후주 충남 아산에서 유기농 배 과수원을 운영하는 청년 여성 농업인. 12·3 불법 계엄 뒤 열린 '윤 퇴진 광장'에서 전봉준 투쟁단이 펼친 농민 운동, 트랙터 대행진과 남태령 대첩을 알리는 구실을 했다. 민주주의와 광장, 농업 정책에 관련해 다양한 활동을 하고 있다.

"남태령이라는 불벼락을 맞고 난 후 다시는 이전으로 돌아갈 수 없게 됐어요."

2024년 12월 21일, 정오 무렵 과천에서 서울로 들어오는 길목인 남태령에 전국에서 올라온 트랙터 수십 대가 모였다. 내란 수괴 윤석열 구속을 촉구하며 전국농민회총연맹(전농)과 전국여성농민회총연합(전여농) 등이 결성한 '전봉준 투쟁단'이었다. 12월 16일, 경상남도 진주와 전라남도 무안에서 출발한 트랙터 투쟁단은 이곳에서 촛불 집회가 열리는 광화문까지 행진하겠다고 신고했지만, 경찰은 10중 차벽으로 막아섰다.

경찰은 트랙터 유리문을 부수어 운전자를 끌어 내리고 농민을 때리고 밀쳤다. 농민 집회에서 으레 보이는 폭력이 또다시 벌어졌다. 투쟁단 총대장인 하원오 전농 의장이 광화문으로 달려가 상황을 알렸고, 현장 상황은 엑스와 유튜브로 실시간 전달됐다. 밤 8시 무렵부터 사람들이 모여들고 후원 물품이 쏟아졌다. 다음 날 아침이 되자 사람들은 더 많이 모여들었다. 결국 경찰은 이날 오후 차벽을 열었고, 트랙터는 한남동 대통령 관저 앞까지 행진했다. 1박 2일 대치 끝에 농민들이 탄 트랙터 대열이 처음으로 서울 입성에 성공한 순간이었다.

'남태령 대첩'이라고 불린 이날, 엑스가 승리에 큰 몫을 했다. 엑스에 현장 상황을 계속 올려 시민들에게 알린 사람이 바로 김후주다. '향연'이라는 이름으로 엑스에서 활동하

남태령 깃발을 들고 광장에 선 후주.

는 후주는 그날 이후 '남태령' 세 글자를 쓴 깃발을 들고 매일 광장으로 나갔다. 겨울부터 봄까지, 광장은 일터이자 활동 무대이자 집이었다.

배 키우는 농부 김후주

후주는 농부다. 충청남도 아산에 있는 유기농 배 과수원 '주원농원' 대표다. 70년 전에 할아버지가 만든 과수원을 아버지한테 물려받아 5만 제곱미터(1만 5000평)에서 유기농 배 100톤을 수확한다. 아버지 대에 관행농에서 유기농으로 전환한 주원농원은 한국 최초로 유기 인증을 받은 배 과수원인데, 우리가 먹는 동양배는 주로 한국에서 재배하기 때문에 사실 세계 최초나 다름없다. 후주는 뭘 해도 대충 못하는 성격이다. 배 수확량도 아버지 때보다 늘었고, 온라인 홍보를 바탕으로 직거래 통로를 뚫어 수익 구조도 개선했다.

　대학에서 철학을 전공하고 진로를 고민하던 후주에게 부모님은 과수원을 물려받으라고 권했다. 대학 다닐 때는 기후 위기나 공정 무역 등 농업 문제를 피상적으로만 알고 있었는데, 막상 20대 승계농이 되니 농촌 현실은 생각보다 훨씬 심각했다. 200만 농민 중 40세 미만 청년 농부는 2퍼센트가 안 되고 65세 이상 고령농이 55퍼센트를 넘을 정도였다. 정부는 농업을 살리기는커녕 수입 개방 정책을 고수하면서 그때 그때 발생하는 피해를 지원금으로 메꿀 뿐이었다.

4월 초, 하얀 배꽃을 머금은 꽃눈이 터질 듯 부풀어 오른 봄날에 후주를 만났다. 배꽃이 피면 과수원은 한 해 농사에 들어가는데, 사람 손으로 일일이 해야 하는 인공 수분이 첫 작업이다. 벌 등이 하는 자연 수분을 더는 기대할 수 없기 때문이다. 후주도 기후 변화가 농사에 미치는 영향을 여러 번 이야기했다. 폭염이나 폭우 등 이상 기후가 심각한 요즘, 날씨는 농민들이 나누는 대화에서 빠질 수 없는 주제다.

"제가 전농 회원이거나 이전에 농민운동에 관여했던 건 아니에요. 농업 문제에 대한 고민을 하면서 여기저기 참여하다 보니 신문에 칼럼도 쓰고 국회 청년농업인 정책자문위원이나 민주당 전국농어민위원회 청년여성 부위원장 등을 맡아 활동했고, 청년 농업인으로서 한국 농업의 문제점을 엑스에 꾸준히 올리면서 알리려고 노력했죠."

엑스에 글을 쓰고 반응도 얻다 보니 청년이 농업과 먹을거리 문제에 무관심하지 않다는 사실을 알게 됐다. 윤석열이 대통령으로서 첫 거부권을 행사한 법안이 양곡관리법 개정안이라고 지적하면서 정부가 포기하려는 식량 주권이 얼마나 중요한지 말하면 댓글창은 금세 뜨거워졌다. 후주는 경제적으로 불안한 도시 생활에 지친 청년들과 농촌을 연결할 접점이 무엇일지 고민하게 됐고, 그런 문제의식은 계엄 사태와 남태령을 맞아 빛을 발했다.

"작년 12월 10일을 전후해서 한참 국민의힘과 윤석열 장례식, 근조 화환 보내는 퍼포먼스 등이 유행처럼 번졌을 때, 민주당 농어민위원회에서 같이 활동했던 전농 관계자분께 건의를 한번 해 봤어요. 지금 사람들이 이 광장에 너무 관심이 많은데 농업 쪽도 이슈를 좀 알려야 되지 않을까요, 전농에서 상여 투쟁을 한번 해 주시면 진짜 좋을 것 같다고 했죠. 그게 시작이었어요.”

전농 후원 계좌를 올리자 반응이 폭발적이었다. 깜짝 놀란 전농에서 후원 글을 내려 달라고 할 정도였다. 이미 트랙터 시위를 준비 중이라 후원만 받고 정작 상여가 못 가면 어쩌나 걱정한 것이었다. 후주가 게시물을 지우고 ‘죄송하다. 대신 트랙터가 온다. 조금만 기다려 달라’고 했지만, 사람들은 ‘트랙터가 오면 더 좋다’며 멈추지 않았다. ‘향연’이라는 엑스 계정은 전봉준 투쟁단 소식을 가장 빠르게 전달하는 통로가 됐다.

“그날은 못 갔는데 오늘은 가야겠다”

“이번 광장에서는 엑스의 역할이 너무나 컸어요. 페이스북 같은 경우 글을 길게 쓸 수 있고 깊은 생각을 전달할 수 있는 장점이 있지만, 전파력은 엑스와 비교할 수가 없어요. 엑스는 유속이 엄청나게 빠르고 리트윗 기능 덕분에 순식간에 폭발적으로 정보 전달이 되니까, 한번 이슈가 되면 조회 수가

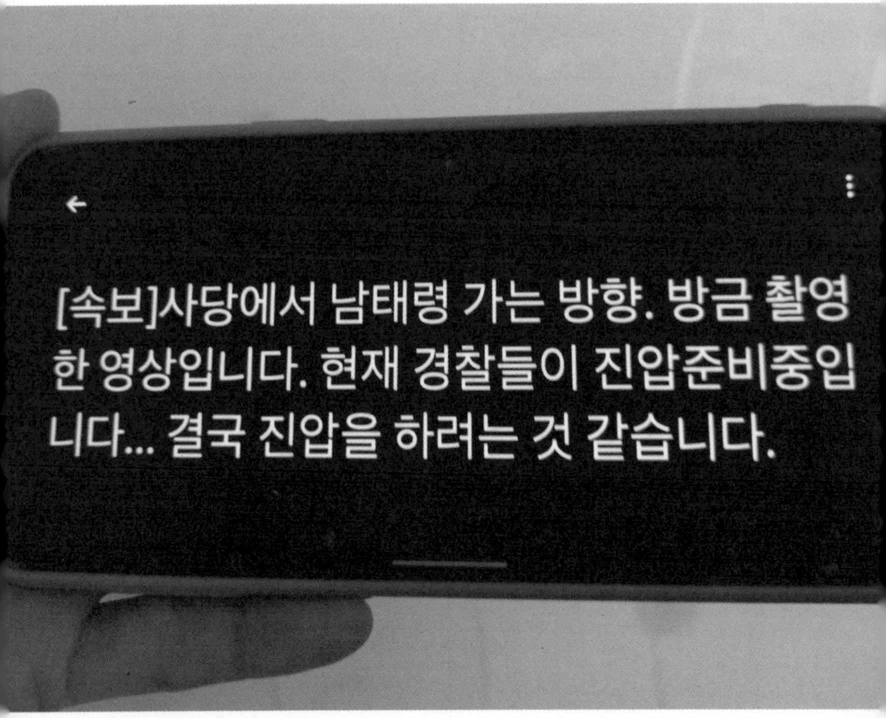

2024년 12월 22일 새벽 남태령에서 후주가 엑스에 올린 게시물.

바로 몇백만 회로 튀어 버리는 그런 매체예요.

뉴스도 청년 세대는 텔레비전이 아니라 엑스로 보는 게 익숙하거든요. 엑스 유저 중에 우리한테 꼭 필요한 뉴스만 추려 주시는 분들이 있어요. 레거시 미디어는 현장성을 제대로, 아니 거의 전달하지 못했으니까요. 저는 광장의 스펙터클을 공영 방송에서는 본 적이 없는 것 같아요.《엠비시MBC》 빼고.”

20대에서 40대까지 엠지 세대 청년층은 엑스를 쓰는 주요 이용자이고, 내란 사태 때 광장의 소식을 가장 빠르게 퍼 나른 사람들이다. 엠지 세대가 가장 정확한 정보를 가장 빨리 받으려 이용한 매체가 엑스였고, 후주는 엑스 속 뉴스 전달자들 사이에서 전봉준 투쟁단을 담당하는 사람이었다.

“그날 오셨던 시민들 중에는 계엄 날 현장에 못 가셨던 분들도 많았어요. 내가 그날은 못 갔는데 오늘은 가야겠다, 농민들이 맞고 있는 걸 보고 있을 수가 없다, 이런 죄책감이나 부채감으로 오신 분들이죠. 전혀 기획되지 않은 현장이었고, 어떤 홍보도 준비도 안 된 상태에서 긴급하게 사람들이 달려온 비상 상황이었기 때문에 거기서 오는 절박함과 진정성이 다른 곳과는 달랐던 것 같아요.”

무릎 높이 트랙터 로더를 무대 삼아 일종의 문화제가 시작됐다. 유튜브《전농 TV》라이브 방송을 밤새 수만 명이 시청했다. 하필 한 해 중 밤이 가장 긴 동짓날이었고, 체감 온도가 영하 12도로 떨어졌다. ‘난방 버스’가 처음 시작된 곳도 남태령이었다.

"핫팩, 보조 배터리, 먹을거리, 마실 거리, 휴지, 담요, 옷 등 온갖 물품이 쌓인 남태령역 여자 화장실 앞은 마트를 방불케 했어요. 전봉준 투쟁단 농민들은 계속 긴급회의 하고, 경찰들 움직임에 대응하고, 국회 의원, 변호사들이랑 소통하느라 여력이 없었고, 그 물품을 전달받아서 정리하고 나눠 주는 일은 전부 다……"

"자원봉사자들이 하신 거죠?"

내가 끼어들자 후주는 눈을 동그랗게 떴다.

"자봉이 아니었어요. 그냥 거기 왔던 사람들이 '이거 내가 해야겠다' 해서 자발적 자봉화가 된 거죠. '이거 도와주실 분!' 누가 그러면 다른 누군가가 '같이 해요' 이러면서 달려왔어요. 전봉준 투쟁단에서 아무런 지시를 내리지 않았음에도 불구하고 자발적으로 여기, 여기, 이렇게 스폿이 생겨서 물품별로 착착 정리가 됐고, 아무 부족함 없이 일사불란하게 돌아갔어요. 그 물건들을 다 나눠 주고도 남은 것들이 버스에 꽉 찰 정도였죠."

진정한 대화의 장, 민주주의 학교

첫 난방 버스 연락도 후주가 받았다. '지금 라이브를 보니까 몇몇 분이 저체온증 증상을 보이는 것 같은데, 그분들은 빨

리 따뜻한 곳으로 가야 하니까 난방을 켠 버스를 보내겠다'
는 내용이었다. 메시지를 보낸 분은 의료인 같다고 후주는
짐작한다. 버스 기사 연락처가 전달됐고, 연락을 주고받는
과정에서 새로운 사실을 알았다. 대열 뒤쪽, 그러니까 과천
방향도 경찰에 막혀 있다는 것을. 남태령 시민들은 완전히
고립 상태였다.

"그 바로 전에 경찰 기동대가 진압하려고 준비하는 모습
을 봤기 때문에, 그때 심정은 분노를 말로 표현할 수가 없었
어요. 와, 우리를 다 얼어 죽으라고 여기다 가둬 버렸구나.
약자들 앞에 가장 포악해지는 것이 국가 폭력이고, 여기에
대응하려면 결국 차를 빼고 이기는 방법 말고는 없겠구나.
집행부가 경찰을 찾아가 따지고 싸워서 간신히 버스가 들어
왔고, 그 후에 푸드 트럭들도 들어오게 됐죠."

"배달 음식도 그렇게 들어온 건가요?"

"아, 배달 음식은 좀 다른데, 그건 배달원분들의 남다른
노력이 있었어요. 오토바이니까 그냥 골목길로 막 들어오
신 거예요. 경찰이 도로만 막았지 마을로 통하는 작은 길까
지 다 막지는 않았으니까요. 그냥 역 앞에다 툭 던져 놓고 갈
수도 있었는데, 그걸 굳이 들고 와서 이거 어디다 놔야 되냐,
어떻게 나눠 드려야 되냐 물어보신 분들도 있었어요. 택시
기사분들도 '여기 다 가는 길이 있다'면서 요령껏 사람들을
데려다 내려 주시기도 하고요."

"남태령 때문에 삶이 완전히 바뀌었다고 하셨잖아요. 다

남태령의 밤을 지킨 후주와 트랙터.

시는 이전으로 돌아갈 수 없다고 느꼈다고요. 남태령이 그렇게 특별했던 이유는 무엇이었나요?”

“남태령이 특별했던 건 저만의 느낌이 아니에요. 그날 밤 남태령은 진정한 대화의 장, 민주주의 학교였어요. 농민과 비농민 시민들이 서로 자기 얘기를 하면 상대편은 온 마음으로, 진심으로 들어 줬어요. 학교나 책에서 이론으로 배운 것들 있잖아요. 민주주의는 대화가 중요하다, 다수결이 원칙이지만 소수 의견도 듣고 존중해야 한다. 이런 가장 기본적인 원칙을, 머리로만 알던 지식에서 벗어나 몸으로 경험한 거죠.”

새내기 기자 시절, 한동안 농민 취재를 담당했다. 덕분에 익히 본 장면들이 있다. 맞고, 피 흘리고, 죽는 농민들. 어느 정권에서든 농민 시위는 순순히 허용되지 않았고, 농민들 목소리는 받아들여지지 못했다. 이날 남태령은 시위하는 농민들이 처음으로 승리한 날이었다.

“정작 저는 당시에 상황을 전달하고 안내하느라 정신없었는데, 그곳에 계셨던 분들은 그날 그렇게 추웠는데 오히려 여의도 시위 때보다 더 따뜻했다고 말씀하셨어요. 오래된 친구나 가족을 만난 듯 편안해서 다른 데서는 못 할 말 여기서는 할 수 있을 것 같고, 얘기하다 복받쳐서 울면 듣는 사람들도 같이 울고, 안아 주고. 뒤풀이 집담회에서 그날 현장 얘기를 들으면서 내가 겪은 것보다 더 큰 남태령의 의미가 각자의 마음속에 있다는 걸 알게 됐죠.”

"그렇구나. 알아 두겠다"

남태령에서는 '자기소개'라는 새로운 전통도 탄생했다. 자기 안의 약자성이나 소수자성을 밝히면서 자기가 왜 여기에 와 농민들이랑 연대하고 있는지, 자기가 어떤 폭력을 겪은 사람인지 말하는 식이었다. 국가 폭력, 가정 폭력, 전세 사기 피해, 성폭력, 성소수자 차별 등 다양한 사연을 지닌 사람들이 담담하게 자기를 드러냈다.

자기가 받은 상처와 농민이 겪는 고통이 다르지 않다고, 함께 해결해야 하는 문제라고 공감하는 순간이었다. 동병상련이라고 할까, 강렬한 연대 의식이 감싸는 현장이었다고 후주는 기억했다. 함께 울다가 웃다가 화내다가 마지막 구호는 항상 '차 빼라'로 끝났다. 그런 시간이 반복되면서 연대는 더욱 굳건해졌다.

"'진실의힘'이라고 내란 기간 집회들에서 나온 시민 발언을 기록하시는 팀이 있어요. 그중에 팀장 역할을 하시는 담당자님이 '남태령 시민 발언은 다른 곳의 발언이랑 완전히 다르다'고 얘기하시더라고요. '살이 떨린다'는 표현을 하셨어요. 그 열악한 환경에서 어떻게 이런 발언이 가능했을까요. 저는 오히려 그곳이 열악했기 때문에, 비상이었고 우발적이었고 위험했기 때문에 그게 가능했을 거라고 봐요."

이번 내란 기간에 집회에 나간 사람들에게는 '투쟁으로 인사드리겠습니다, 투쟁!'이라는 구호가 익숙하다. 이 말도 남태령에서 시작됐다. 발언을 마칠 때 구호를 세 번 반복한 다음 '투쟁'으로 끝내는 방식도 마찬가지다. '윤석열은 퇴진하라! 퇴진하라! 퇴진하라! 투쟁!' 같은 식이다. 다 그날 밤 남태령에서 전봉준 투쟁단 농민들이 시민들에게 알려 줬다. 청년들이 서로 '동지'라고 호칭하는 문화도 그곳에서 시작됐다.

"농민들이 설명을 해 주시는 거죠. 동지는 나이나 직업이나 계급과 상관없이 같은 뜻을 가지고 투쟁하는 사람을 부르는 말이다. 서로 민주적으로 평등하게 대하는 것이고 차별하지 않는 호칭이라는 것을요. 그 후로 말벌 시민들이 다들 서로를 동지라고 불러요. 저도 제 친구들한테는 '야, 야' 이러는데, 그 친구들한테는 '우리 투쟁 동지, 당근 동지' 이렇게 부르죠."

가장 기억나는 일화를 묻자 후주는 '알아 두겠다'를 꼽았다. 엑스 유저들에게는 이미 유명한 이야기다. 어떤 농민이 젊은 여성으로 보이는 시민에게 '우리 딸들 너무 수고했어, 감사해요'라고 인사를 건네자 당사자가 왠지 모르지만 솔직하게 대답해 보고 싶었단다. '아, 감사합니다. 근데 죄송하지만 저는 딸이 아니에요'라고. 그러면서 갖고 온 깃발을 쫙 펼치니 '논바이너리 진짜 계심'이라는 문구가 쓰여 있었다. 시민은 자기를 여성이나 남성으로 정체화하지 않는 사람이었다. 농민은 평생 잊을 수 없는 대답을 했다.

"그렇구나. 알아 두겠다"

"저는 그게 그날 남태령의 핵심이 뭐였는지를 보여 주는 것이라고 생각해요. 논바이너리 그분이 '내가 이런 말을 다른 데서는 안 했을 것'이라고 하시더라고요. 그런 말을 하면 보통 반응이 '겉보기에 여자인데 왜 여자가 아니야, 왜 딸이 아니야' 이런 거니까요. 그런데 나이 지긋하신 그 어르신이, 설사 그게 뭔지 몰랐더라도, 그 친구가 '저는 딸이 아니에요'라고 하니까 더 질문하거나 자기 생각을 주장하지 않고 '그렇구나' 하고 존중을 한 거예요."

'남태령 벼락' 맞고 삶이 바뀐 사람들

남태령을 겪고 삶이 바뀐 사람은 후주만이 아니다. 남태령은 많은 이들에게 긴 후유증을 남겼다. '말벌 동지들'이 대표 사례다. 금속노조 거제통영고성조선하청지회(거통고지회), 세종호텔, 한국옵티칼 농성장, 지혜복 교사 농성장 등 2025년 초부터 온갖 투쟁 현장에 나타나 연대하는 청년들을 가리키는 말이다.

"그분들 중에는 지난 12월 전까지는 시위라는 것에 나와 본 적이 없는 사람이 많아요. 그런데 남태령을 겪고 나서 무슨 벼락 맞은 것처럼, 지금 제가 벼락 활동가가 된 것처럼, 그분들도 갑자기 말벌 동지가 돼 버린 거죠."

'말벌'은 텔레비전 프로그램 〈나는 자연인이다〉에 나온

'말벌 아저씨'에서 따온 말이다. 말벌 아저씨는 카메라 앞에서 인터뷰하다가도 꿀벌을 괴롭히는 말벌이 나타나면 어디든 뛰어간다. 만사 제쳐 두고 현장에 연대하러 간다는 의미에서 '말벌 아저씨 시민 연대'라고 하다가 줄어서 '말벌'만 남았다.

남태령 직후인 12월 24일 서울 안국역에서 전국장애인차별철폐연대(전장연)가 시위를 벌였다. 평소에는 서너 명이 버티다가 쫓겨났는데, 그날 시위 현장에 시민 200여 명이 몰려들었다. 갑자기 불어난 시위대에 놀란 경찰은 연행을 포기했고, 전장연 관계자들은 '크리스마스 선물'이라며 눈물을 흘렸다. 시민들이 한목소리로 외친 말은 '남태령'이었다.

"내가 그동안 겪은 문제가 너무 화가 나고 답답했는데 어떻게 해야 할지 몰랐던 사람들이 남태령에서 조금 배운 거죠. 아, 그냥 가서 연대하면 되는 거구나. 그럼 가지 않을 이유가 뭐지? 그런 분들이 안국역으로 갔다가, 거통고 조선소로 갔다가, 세종호텔도 가고 무안공항에도 갔어요. 사람들의 가슴 속에 그런 열망이 있었음에도 불구하고 그동안은 그런 판이 만들어지지 않았던 거예요."

말벌 동지들 중에는 유명인도 있다. 남태령에서 미니스커트 차림으로 화제가 된 채연이다. 남태령 밤샘 집회가 끝나고 귀가한 채연은 잠도 못 잔 상태로 그날 저녁 한강진 집회 현장에 갔다. 제주항공 참사가 일어난 무안공항에서 3박 4일 자원봉사도 했다. 그 뒤에도 꾸준히 광화문 집회 현장을 찾았다. 채연도 그전까지는 시위에 거의 나간 적이 없는 사람이었다.

2024년 12월 28일 서울 종로구 향린교회에서 '남태령 뒤풀이 — 남태령 대첩을 함께 한 우리들의 집담회'가 열렸다. 그 뒤풀이 자리에 참석한 채연이 '남태령에서 소고기죽과 팥죽을 맛있게 먹었다. 죽 보내 주신 분 정말 감사하다'고 하자 옆에 앉은 사람이 손으로 입을 턱 막았다. 죽을 보낸 당사자였다. 오랜 친구를 만난 듯 반가워 이날 모임을 '남태령 향우회'라고 부르는 이들이 맺은 인연은 그 뒤 연대하는 현장에서 계속 이어지고 있다.

"당시는 대학이 방학이었으니까 대학생들 중에도 자유롭게 현장을 돌아다니면서 '급속 말벌화'된 친구들이 많아요. 심지어 이번에 금속노조 거통고지회에 청년들이 노조원으로 많이 가입했어요. 다들 조선소 입구도 밟아 보지 않은, 노조와는 전혀 관련이 없는 사람들이죠."

노동자가 아니면 노동조합 조합원이 될 수 없다. 원칙이 그렇다. 그런데 시대가 변하면 조직도 변해야 한다. 전국민주노동조합총연맹(민주노총)은 업종, 연령, 지역, 성별을 막론하고 누구나 조합원으로 가입할 수 있는 '누구나노조지회'를 만들었다. 민주노총 조끼와 빨간 머리띠를 맨 청년들이 광장을 누볐다.

남태령은 물론 말벌 동지들이 연대한 투쟁 사업장, 여의도, 한강진역, 광화문 등에서 내란 사태 내내 유독 2030 여성들이 눈에 띄었다. 청년 여성들이 이쪽 광장에 있는 동안 청년 남성들은 저쪽에서 서부지법을 때려 부쉈다. 물론 광장에서는 '친구 농사 재도전 향우회 — 2030 남성 지회' 같은 깃발도 나부꼈다. 성별 갈라치기를 할 생각은 없지만, 아무도 부인하지 못할 현상이었다. 후주에게 이유를 물어봤다.

"저도 그것에 대해 많이 생각해 봤는데, 일단 여성들의 의지가 강했던 것이 가장 큰 원인이었겠죠. 사회적으로 목소리를 내야 한다, 싸워야 한다는 의식이 굉장히 높아져 있는 상태였으니까요. 투표율도 여성들이 더 높잖아요. 투표 성향도 훨씬 진보적이고요. 그동안 겪어 온 사회적 차별이나 폭력에 진절머리가 난 거죠."

청년 여성들은 늘 광장에 있었다. 미군 장갑차 여중생 살해 사건 때부터 '촛불 소녀'로 상징되는 '광장에 선 여성들'을 우리는 언제나 봐 왔다. 그러나 그저 기특하게 여기거나 이미지를 소비하는 정도를 넘어 청년 여성들이 지닌 문제의식에 진지하게 귀 기울인 적은 없었다.

"저는 서부지법 폭동 사태가 별로 놀랍지 않았어요. 언젠간 터질 줄 알았어, 이런 느낌이었달까요. 청년 세대의 심각한 극우화와 파시즘을 우리는 늘 감지하고 있었거든요. 여성들이 성폭력을 당하고 살해당하고 딥페이크나 버닝썬 같은 사건이 벌어지는데, 국가와 시스템이 약자를 보호하기는커녕 그것의 백래시로 여성가족부를 폐지하겠다는 대통령이 이준석으로 상징되는 청년 남성들의 지지를 얻어서 당선

'제16회 아시아미래포럼'에서 발표하는 후주.

됐잖아요.”

후주가 말한 대로 여성가족부 폐지를 공약으로 내건 윤석열 정부가 들어서자 여성 혐오는 더 극심해졌다. 그러니 이 정부를 끝내지 않으면 방법이 없겠다는 공감대가 여성들 사이에 형성될 수밖에 없지 않았을까. 2030 청년 여성들이 광장의 주역으로 등장한 현상은 살아남아야 한다는 위기감에서 나온 자연스러운 결과였다.

윤석열이 파면되고 광장의 큰 싸움이 정리된 뒤 후주는 또 다른 일을 준비했다. 바로 ‘남태령 기록하기’다. 엑스에 ‘남태령 기록보관소(@namchiving)’ 계정을 개설해 남태령에 관련된 에스엔에스 메시지, 사진, 영상 자료를 모으는 한편, 2025년 3월 15일 한국외국어대학교 서울 캠퍼스에서 남태령 심포지엄도 열었다. 아카이빙 작업을 거쳐 모은 기록을 바탕으로 질적 해석 작업을 시도하는 한편 또 다른 주인공인 농민들의 증언과 기록도 모을 생각이라고 했다.

“남태령 이후 시간이 지나고 이 일을 돌아볼수록, 남태령에 대해 사람들이 갖는 기대와 상징성이 굉장히 크다는 걸 알았어요. 이것을 하나의 시민운동의 역사로서 잘 보존하고 기록해야 한다고 생각해요. 나중에 연구자들이 활용할 수 있도록, 시민들의 제보나 인터뷰 등을 통해 최대한 많은 자료를 모아서 정리하려고 해요. 이번 내란 기간 동안 절망만이 아니라 남태령과 같은 희망의 장면도 있었다는 것을 역사에 꼭 남기고 싶어요.”

지기만 하는 농민들, 상여 시위와 진짜 죽음

인터뷰를 마친 뒤 나는 광장에서, 토론회에서, 여러 행사에서 후주를 다시 만났다. 후주는 농민들이랑 광장에 함께 있었고, 남태령 정신을 알리고 이어 가자는 토론회에 참석했고, 전국 곳곳으로 강연을 다녔다. 농원을 비우는 동안 농사는 어머니에게 맡겨야 했다. 전업 농부에서 활동가로, 후주가 한 말대로 삶이 바뀌었다.

후주는 내가 이 인터뷰를 시작한 계기가 된 사람이다. 주변에서는 다들 고개를 갸웃거렸다. '이미지가 너무 많이 소비된 인물'이라서 전형성을 벗어나기 힘들지 않겠냐고 걱정했다. 그렇지만 '남태령이라는 불벼락을 맞고 난 뒤 다시는 이전으로 돌아갈 수 없게 된 사람'은 내 발목을 붙잡았다. 무엇이 한 사람의 영혼을 그토록 뒤흔들었을까. 일껏 써도 뻔하고 시시한 글이 될지도 모른다는 두려움은 한 인간을 통째로 뒤흔든 그 '무엇'을 향한 궁금증으로 뛰어넘을 수 있었다.

농업과 농민이라는 주제는 내 지난날 어느 한때에 맞닿아 있다. 지금의 후주보다 한참 어리고 그만큼 서툰 때였다. 농대를 졸업한 사람이지만 실험실 안 농업밖에 모르던 나는 기자가 되자마자 농민 취재를 자원했다. 무슨 패기인지 이제부터 진짜 농업과 농촌을 알아보겠다면서 부지런히 현장을 뛰어다녔다. 흙냄새 나는 농촌을 누비고 다닐 줄 알았건만, 웬걸 농업 담당 기자가 돼도 하냥 서울 도심을 벗어나지 못했다. 농대 교과 과정에 없는 '아스팔트 농사'라는 새로운 과목을 배우러 다니느라 정신없었으니까.

정부는 자유무역협정FTA 체결을 막 추진하던 참이었고, 남미에 자리한 칠레가 첫 대상이었다. 농업 강국 칠레와 한국이 자유무역협정을 체결하면 농업이 가장 큰 타격을 받는다는 사실은 불 보듯 뻔했다. 한-칠레 자유무역협정이 2003년에 체결돼 2004년 발효된 뒤 마트 과일 진열대는 값싸고 품질 좋은 칠레 포도에 점령됐다. 2000년 403만 1000명이던 농가 인구는 2022년 216만 5600명으로 절반 가까이 줄었다. 폐원 위기에 몰린 경기도 김포 일대 포도 농가를 취재한 기억이 지금도 생생하다.

농민들은 대대적인 반대 투쟁을 벌였다. 주말은 물론 평일에도 국회 앞에 천막을 치고 살다시피 했다. 칠레 다음은 미국이라는 위기의식이 농민들을 더욱 쉴 수 없게 했다. 우루과이 라운드UR 협정이 타결된 뒤 미국산 쌀 수입 개방과 오렌지 파동을 겪으며 절망하고 주저앉은 기억이 있는 농민들에게 한미 자유무역협정이란 농업 사망 선고나 다름없었다.

말로만 듣던 상여 시위도 그때 처음 눈앞에서 봤다. 그러고 보니 '남태령 대첩'의 시발점도 상여 시위였다. 그냥 보여주기식 이벤트가 아니었다. 진짜 장례식이 떠오를 만큼 정교하기 짝이 없는 상여를 앞세우고 삼베 두루마기에 굴건까지 제대로 갖춰 입은 상여꾼들 뒤로 만장 수십 개가 바람에 펄럭이던 모습을 잊을 수 없다. 유치환이 쓴 시 〈깃발〉에 나오는 '소리 없는 아우성'이었다. 소리 없이 우렁찬 함성을, 처절한 절규를 내지르는 깃발이었다. 후주가 든 '남태령' 깃발, 광장에서 만난 숱한 깃발이었다.

상여 시위보다 더 오래 남은 기억은 농민들의 눈빛이었다. 서울 사람들은 다른 사람 눈길을 쉽게 외면했지만, 농민들은 상대방 눈을 오래 들여다봤다. 조금 어눌한 말투에서는 진정이 느껴졌다. 자기들이 매일 밟고 사는 흙을 닮은 모습이었다. 그런 농민들이 막상 의기투합해 나선 싸움에서 늘 지기만 한다는 현실이 가슴 아팠다.

2003년 세계무역기구WTO 5차 각료회의가 열린 멕시코 칸쿤에서도, 2005년 6차 각료회의가 열린 홍콩에서도 상여 시위를 만났다. 한국 농민들이 멘 상여를 전세계에서 모인 민중 시위대와 언론이 주목했다. 삼보일배를 벌이고 130명이 바다에 뛰어들어 홍콩 사회를 한바탕 뒤집어 놓기도 했다. 그렇지만 가장 잊을 수 없는 장면은 칸쿤에서 두 눈으로 직접 본 이경해 열사 자결 사건이다.

전국농업인후계자협회장과 한국농업경영인협회장 등을 지낸 이경해 열사는 1990년 스위스 제네바까지 찾아가 세계무역기구 창설을 주도한 아르투르 둔켈을 만나서 한국 농업에 닥친 위기를 알린 적이 있는 사람이었다. 회의장을 굳게 가로막은 철조망 위로 올라간 열사가 돌연 품에서 칼을 꺼내 가슴을 찌르고 아래로 떨어졌다. 나는 맨 앞 열에서 그 모습을 지켜봤다. 지켜만 봤다. 무슨 일이 벌어지는지 몰랐다. 하얀 셔츠 위로 번지는 붉은 피를 보기 전까지는. 마지막 순간까지 열사의 가슴에 걸려 있던 피켓에는 'WTO Kills Farmers'라는 문구가 적혀 있었다.

죽음은 계속 이어졌다. 2005년 여의도 시위 때 돌아가신 전용철 농민과 홍덕표 농민, 2015년 잘 알려진 백남기 농민. 농민들이 경찰 방패에 맞아 죽고 물대포에 쓰러져 죽는 동안, 한국 시장을 노리는 외국 자본과 문을 활짝 열어 준 개방 농정이 합작한 와중에 농업은 속절없이 무너졌다. 알려지지 않은 죽음이 더 많았다. 우루과이 라운드에 발맞춰 수입 개방이 본격 시작된 뒤 농약을 마시고 자살하는 농민 수가 늘고 농가 수는 급감했다.

기자 초년생인 내 눈으로 봐도 농민 시위는 유독 강경하게 진압당했다. 약자에게 더 가혹해지는 강자의 논리는 공권력이라 해서 다르지 않다는 현실을 목도한 순간, 나는 세상이 숨겨 온 거대한 비밀 하나를 엿본 기분이었다. 눈에 보이는 것이 전부가 아니라는 사실을. 우리가 접하는 신문이나 방송은 진실의 절반만을 보여 줄 뿐이며, 주류 미디어가 좀처럼 안 다루는 또 다른 세계에서는 이 세상을 좀더 나은 곳으로 바꾸려 안간힘으로 싸우는 사람들이 있다는 사실을. 그렇다면 나는 그런 이들을 위해 글을 쓰리라 다짐했다.

그러니 나도 조금은 알 듯하다. 후주가 엑스에 올린 '결국 진압당할 것 같다'는 짧은 글에, 현장 상황을 조금이라도 알리려 올린 라이브 영상에 담긴 진심이 무엇이었는지. 그 진심은 많은 사람의 가슴을 울렸고, 결국 남태령 대첩이 됐다. 늘 지기만 하던 농민들이 처음으로 승리하는 모습을 본날, 나도 울었다.

"외로운 싸움을 하는 분들이 많이 있을 거거든요"

'집회 덕후' 된 '남태령 미니스커트' 대학생 송채연

송채연 경찰을 꿈꾸다가 윤석열 퇴진 광장을 겪고 나서 기자로 꿈이 바뀐 취업 준비생. 충청남도 예산에서 태어나 농촌에서 자란 덕에 트랙터가 농민에게 갖는 의미를 잘 이해해서 '남태령 대첩'에 참가하게 됐다.

2024년 12월 여의도 집회에 참석한 채연.

"미니스커트는 그러니까 홍대 카페 방문을 위한 차림이었죠. 생일 카페에 갔다가 좀 일찍 끝나서 광화문 시위에 갔는데, 행진까지 하고 돌아오는 길에 지하철 안에서 트랙터가 남태령에 막혀 있다는 기사를 봤어요. 그날 트랙터가 온다는 건 엑스에서 보고 알고 있었거든요. 광화문에 트랙터가 올 줄 알고 갔다가 없어서 의아했는데……"

그 말을 듣기 전에는 다 괜찮았다. 새로운 사람을 만나는 일은 새로운 세상을 배우는 일이니까. 새로운 세상을 배우겠다고 시작한 일 아닌가. 그런데 만화 주인공 생일파티라니. 그런 데 돈까지 내고 간다니. 쓰읍, 심호흡부터 한 번.

'남태령 미니스커트' 대학생 채연은 남태령 1박 2일 시위에 짧은 치마를 입고 와서 화제가 됐다. 채연은 내친김에 제주항공 참사가 일어난 무안공항 자원봉사를 비롯해 세종호텔, 금속노조 거통고지회, 전장연 등에 부지런히 연대했다.

"좋아하는 아이돌이나 만화 캐릭터의 생일을 맞아 팬들 중 누군가가 생일 카페를 차려요. 누구든 나서는 사람이 주최자가 돼서 카페를 하나 대관하는 거죠. 자원봉사자도 모집하고, 내부를 생일 주인공의 콘셉트에 맞게 꾸며서 사람들을 초대해요. 참가자들은 음료값에 포함된 대관료를 참가비로 내고 구경하러 가고요. 주인공은 없지만 우리끼리 생일 파티를 하는 거예요."

홍대에서 열린 배구 만화《하이큐》주인공 생일파티 같은 소식은 대부분 엑스를 통해 공유된다. 엑스는 '덕질'을 하는

2030 여성들을 중심으로 힙한 신세대 문화를 향유하는 공간이 됐다. 엑스는 특성상 새 소식을 전달하는 속도도 빠르다. 좋아하는 아이돌 소식뿐 아니라 여성에 관련된 사회적 이슈도 자주 공유돼 여론을 형성하기도 했다. 그런 흐름이 광장에서 벌어진 일들을 퍼 나르는 데까지 이어졌다. 페이스북 유저인 나도 이번에 엑스에 가입했다. 여의도에 나타난 응원봉과 깃발을 보고 놀란 엑스 세대가 광장의 청년들을 따라잡을 방법은 그것밖에 없었다.

남태령에 간 날, 채연은 하필이면 아침부터 일정이 있어서 유난히 지친 상태였다. 종일 돌아다니다 보니 가방에 짐도 많았다. 더구나 시시각각 기온이 떨어지는 겨울밤에 미니스커트 차림……. 가지 않을 이유가 더 많았지만, 채연은 반대 방향 전철을 탔다.

"온라인으로 지켜보는 사람들은 수만 명이 넘었으니까요"

"남태령의 밤을 생각하면 너무 추웠던 게 제일 많이 생각나요. 제가 도착했을 때는 초반이어서 그런지 사람도 물자도 별로 없었고, 난방 버스도 없었어요. 치마 괜찮냐고, 춥지 않냐고 사람들이 자꾸 물어보고. 그런데 오히려 그 덕분에 다른 분들보다 더 따뜻하게 그날 밤을 난 것 같아요."

미니스커트 덕분에 채연은 '집중 관리' 대상이 됐다. 도착하자마자 옆에 앉은 사람이 발바닥에 붙이는 핫팩을 권했고, 대열 사이로 들어가자 사람들이 방석과 은박 담요를 건넸다. 구호 물품이 본격적으로 들어오면서 핫팩이며 장갑이 전달됐고, 새벽에는 아예 패딩 점퍼를 입혀 준 사람도 있었다. 첫차를 타고 떠난 누가 뒷사람들을 위해 벗어 두고 간 옷이었다.

서로 도우려는 선의가 채연은 가장 인상 깊었다. 공교롭게도 짧은 치마를 입은 바람에 남들보다 한층 진하게 사람들 사이에 오가는 마음을 경험했다. 내 곁의 동료가 괜찮은지 돌보려는 마음. 추운 곳에서 고생하는 사람들이 걱정되고 미안해서 '트친'(트위터 친구)들끼리 십시일반으로 따뜻한 음식을 보내고 밤새 라이브 방송을 지켜본 마음.

"참 신기한 경험이었죠. 다른 시위들과는 너무 달랐어요. 남태령에서는 사람들이 보내는 선의랄까 염원 같은 것이 피부로 확 와닿는 느낌을 받았어요. 워낙 돌발적으로 발생한 상황이어서 더 그랬겠지만, 어떻게든 현장의 사람들이 춥지 않고 안전할 수 있도록 계속 지켜보고 물품을 보내 주고 지켜 준 사람들이 있었어요. 저는 그 안에서 그분들이 보내 주는 것들로 그 상황을 버티는 특별한 경험을 했고요."

그날 밤 엑스의 '실시간 트렌드' 순위도 모두 남태령이 차지했다. 엑스 유저들은 모두 남태령 얘기만 하고 있었다. 유튜브《전농 TV》라이브 방송이나 엑스에 올라오는 현장 소식을 접한 사람들은 계속 응원 메시지를 보냈다. 지금은 막

차가 끊겨서 못 가지만 새벽에 첫차가 움직이자마자 달려가겠다고, 조금만 버텨 달라고.

　"새벽에도 여차하면 경찰이 진압해 들어오려고 했기 때문에 '지켜보고 있다'는 것이 정말로 큰 힘이 됐어요. 현장에 있는 사람들은 천여 명 정도였지만 온라인으로 지켜보는 사람들은 수만 명이 넘었으니까요. 이 사람들의 선의가 우리를 지켜 주고 있다는 생각이 들었죠."

　'제가 죽을 주문했는데 남태령역 3번 출구로 도착할 거예요. 시간 되시는 분 픽업 좀 해 주세요.' 이런 메시지가 엑스에 밤새도록 올라왔다. 새벽 1시쯤에 올라온 글에 댓글이 없어서 채연이 직접 역으로 가 봤다. 열댓 명 정도 되는 '자봉'들이 모여 있었고, 그중 한 사람이 진두지휘까지 하는 중이었다. 채연은 피자 픽업을 맡기로 했다. 피자를 기다리다가 너무 추워서 계단 아래로 조금 내려갔다. 이상하게 따뜻했다. 알고 보니 온풍기가 계속 돌아가고 있었다. 입구를 막는 셔터는 내려가 있었지만, 역사 안은 환했다. 새벽 3시인가 4시쯤에는 셔터가 올라가고 여자 화장실이 개방됐다. 선의는 끝없이 이어졌다. 역 밖에 있는 사람들을 걱정해 전등과 온풍기를 차마 끄지 못한, 그러다 화장실도 개방한 이한 테까지.

"이제 내가 여기 없어도 되겠다"

"그날 방한용품 등 정말 많은 물품이 들어왔는데, 90프로 이상이 음식이었어요. 음식을 가져가서 나눠 주는데 너무 많아서 남을 정도였어요. 뒤에까지 다 전달을 했는데도 남아서 먹은 사람이 또 먹을 정도로 많았죠."

아침 여섯 시쯤 되니까 일종의 저체온증이 덮쳤다. 밤중에 자는 사람들을 깨우고 다닌 채연도 그때쯤에는 잠이 쏟아졌다. 아침에 경찰차가 조금 뒤로 빠지면서 짧은 거리를 행진했는데, 몸이 처져 앉은 자리에서 쉬이 일어날 수 없었다. 그래도 집에 가고 싶지 않아서 난방 중인 역사를 들락날락하며 아침 7시까지 버텼다.

역사는 채연처럼 잠깐 쉬는 사람, 옷을 덮고 자는 사람들로 가득했다. 전철이 운행하기 시작한 때라 아래층 승강장에서 내린 사람들이 끊임없이 밀고 올라왔다. 다들 '파이팅'을 외쳤다. 종이 상자를 찢어 만든 손팻말에 출구 번호를 써서 안내하는 사람도 있었다. 올라오는 사람과 내려가는 사람이 하이파이브를 하면서 '이제 우리가 있겠다'고 말하는 모습은 꼭 배턴 터치를 하는 육상 선수였다.

"이제 내가 여기 없어도 되겠다는 생각이 들었어요."

그날 아침 남태령역에서 쏟아져 나온 동지들을 뒤로하고 채연은 7시쯤 집으로 가는 전철을 탔다. 조금 있으니 아침 해가 떠올랐고, 사람과 차가 분주히 오가며 똑같은 하루가 시작했다. 모든 것이 기이할 정도로 평화로웠다. 추위에 떨면서 밤새 싸운 그곳이 마치 꿈속 같았다. 남태령을 다룬 뉴스나 기사가 별로 없어서 더 그랬을까.

"더 있을 걸 그랬나, 내가 없을 때 안 좋은 일이 벌어지면 어떡하지. 자꾸 후회가 되더라고요. 집에 도착했는데 잠이 오지 않았어요. 그러다 남태령 차벽이 뚫려서 트랙터가 한남동으로 향한다는 기사가 뜬 걸 봤어요. 이건 가야겠다 싶어서 이번에는 좀 따뜻하게 입고 다시 나갔죠. 그날은 저도 가슴이 막 뜨거웠었나 봐요."

채연도 남태령을 경험하고 말벌 동지가 된 다른 사람들처럼 그전에는 집회나 시위에 나간 경험이 별로 없었다. 2024년 9월 혜화역에서 열린 딥페이크 관련 시위에 처음 참석했고, 그해 11월 동덕여자대학교에서 '과잠 반납 시위'가 열린다는 이야기를 듣고 찾아가 점퍼를 벗어 놓고 온 적이 있었다.

"남태령 다음 주에 향린교회에서 열린 '남태령 집담회'에 갔어요. 어떤 분이 일어나 발표를 하시는데, 그날 남태령에 가지 못했지만 밤 11시쯤에 소고기죽을 보냈다는 거예요. 그런데 들어 보니까 제가 먹은 음식이었어요. 얼마나 반갑던지요. 또 다른 분은 남태령에 밤새 있었는데 치마를 입고 있던 어떤 여자분이 걱정되더라고 하셨어요. 근데 인상착의를 들어 보니까 저 같은 거예요. 그래서 제 발표 차례에 '아까 그게 저인데 이렇게 잘 지냅니다'라고 말씀드렸죠."

"외로운 싸움을 하는 분들이 많이 있을 거거든요"

채연은 어디든 만사 제치고 달려가 연대하는 '말벌 시민'이 됐지만, 정작 자기보다 더 열심히 하는 사람도 있다면서 그 호칭이 부끄럽다고 했다. 혜화역에서 열린 전장연 시위에도 참가했고, 12월 31일에는 거제도에서 열린 금속노조 거통고 지회 신년 해맞이 문화제에도 갔다. 다음 날 올라올 때는 따로 빠져서 무안공항으로 향했다.

나흘 동안 무안공항에서 숙식하며 자원봉사를 하고 집에 올라온 날, 채연은 한남동 대통령 관저 앞에서 밤샘 집회가 있다는 소식을 들었다. '키세스 시위대'가 탄생한 그 집회였다. 어차피 집 나온 김에 하루만 더 밖에 있자 싶어 한남동으로 달려갔다. 그렇게 새해 벽두 5박 6일을 길에서 보냈다.

"1월 7일에는 거제에서 만난 거통고지회 노조원들이 서울 한화 본사 앞에서 밤샘 시위를 벌였어요. 그날 시위에 같이 참가하고, 다음 날 아침에는 세종호텔이 근처니까 가서 아침 선전전을 함께했죠. 세종호텔 고진수 지부장님이 고공 농성을 처음 시작하시는 날에도 갔어요."

거통고지회 노동자들과 연대 시민들이 함께한 '무지개조선소'에서 '연대투쟁호' 만드는 작업도 했다. 배 안에 넣을 희망공을 만들고 설 명절에 모여 배를 색칠했다. 진수식에 참석해 배를 들고 광화문까지 행진도 함께했다. 그전에는 사회 문제를 잘 모르던 채연은 짧은 몇 개월을 밖에서 보내며

2025년 새해 첫날 거제도에서 열린 거통고지회 신년 해돋이 행사에 참석한 채연이 미소 짓고 있다.

세상이 약자에게 얼마나 잔혹한지 알게 됐다.

광장의 경험은 채연에게 '사람'을 남겼다. 어떤 특정한 사람이 아니라 '사람'이라는 존재가 지닌 아름다움 말이다. 차별받고 부당한 대우를 받는 이들 곁에서 선뜻 함께 밤을 새우는 사람들. 나라도 없으면 누가 다칠까 봐 같이 있어 주는 사람들. 내가 다른 이를 지켜 주고 그 사람들이 나를 지켜 준다는 느낌은 잊지 못할 경험이었다.

"저는 사람을 그렇게 믿는 편이 아니었어요. 그런데 사람의 마음이 모이면 이렇게 아름다운 힘을 낼 수 있다는 것을 이번에 본 거죠. 우리의 작은 도움에 너무도 고마워하시는 모습을 보면서, 제가 힘은 없지만 정말이지 이렇게 외롭게 투쟁하시는 분들이 없었으면 좋겠다는 생각이 들었어요. 사실 지금도 우리가 몰라서 그렇지 외로운 싸움을 하는 분들이 많이 있을 거거든요."

채연이 세종호텔 아침 선전전에 참여한 날 함께한 시민은 대여섯 명뿐이었다. 그런데 '지금까지 3년 정도 선전전을 하는 동안 오늘이 가장 호화로운 날'이라는 얘기를 들었다. 그동안 노동자들이 느낀 외로움이 채연에게 확 다가왔다. 내가 내밀 수 있는 작은 손길에 그토록 감동하고 든든해 하는 사람들 마음은 '미니스커트 대학생'에게 깊은 인상을 남겼다.

"거제도 조선소도 버스 한 대였으니까 40명 정도 간 건데, 그분들이 '이렇게 많이 올 줄 몰랐다, 너무 고맙다'고 하시더라고요. 저는 40명이 그렇게 많은 숫자는 아니라고 생

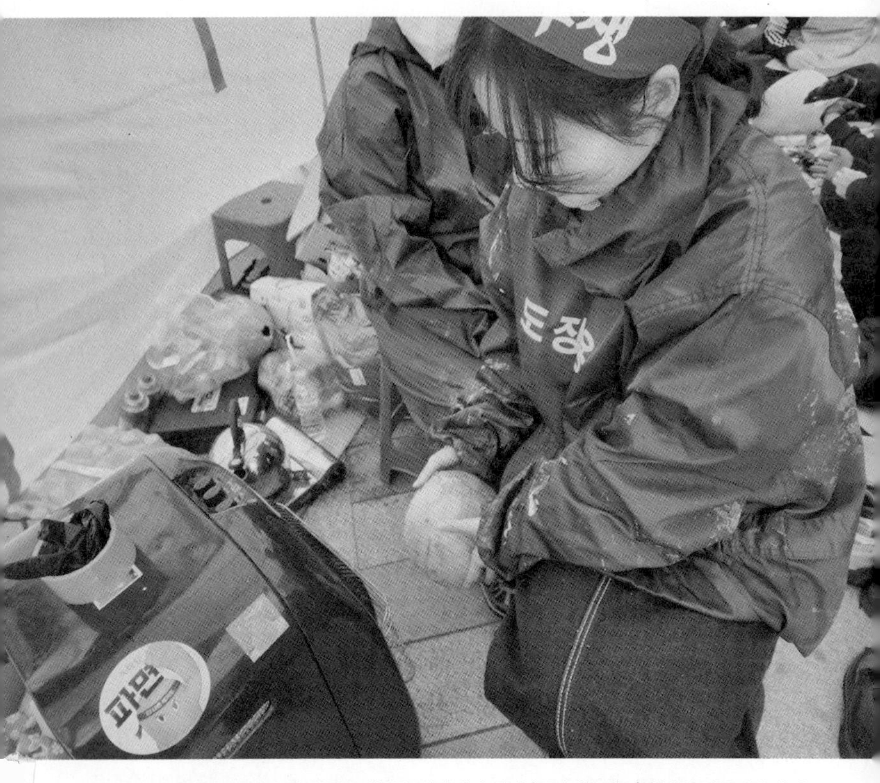

2025년 초 한화오션 본사 앞 거통고 천막 농성장에서 열린 '무지개조선소' 희망배 만들기에 참여한 채연.

각했거든요. 그런데 저희 준다고 선물까지 준비하셨고, 사비로 숙소를 잡아 주시고 야식도 시켜 주셨어요. 심지어 강인석 부지회장님은 단식 투쟁 40일 차가 넘어가는 때였는데, 저희한테는 음식을 아낌없이 시켜 주시고 아침에 떡국도 끓여 주셨죠.”

채연은 그 뒤로 토요일 큰 시위만이 아니라 갈 수 있는 곳은 다 가겠다는 마음으로 여러 투쟁 현장에 참여했다. 대여섯 명이 참여한 연대에 ‘호화스럽다’던 노동자들이 잊히지 않았다. 작은 시위에서는 한 명이라도 빠지면 큰 표가 난다. 소중한 한 명의 몫을 다하기 위해, 내가 없으면 안 된다는 생각에 매번 현장으로 향하게 된다고 채연은 말했다.

그렇게 찾아간 현장은 채연을 더 깊이 생각하고 성숙하게 하는 배움의 장이기도 하다. 12월 31일 거제도 조선소에 내려가는 날, 채연은 아침에 혜화역 전장연 시위를 마치고 나서 노트를 한 권 샀다. 차를 타고 멀리 다녀오는 긴 일정을 앞두고 여기에서 새롭게 알아 가는 것이 많으리라는 생각이 들었다. 그때부터 날짜별로 기록을 시작했다.

“거통고 조선소와 무안공항을 다녀오며 느낀 감상을 적은 종잇조각들, 아까워서 못 버린 피켓들, 남태령에서 받은 음식 봉지 등 기억해 두려고 간직했던 것들을 모아서 스크랩북을 만들었어요. 시위에 참석한 날짜와 시간, 장소 등을 적고 특히 인상 깊었던 내용이 있으면 그것도 적어 두었죠.”

2024년 12월부터 광장에 참여하는 동안 채연이 만들고 기록한 스크랩북.

"그냥 연애를 안 하겠다는 생각인 것 같아요"

학교를 졸업하고 경찰이 되고 싶던 채연의 꿈은 이번 광장을 겪으면서 바뀌었다. 광장에서 만난 경찰은 부당한 명령에도 따라야 하는 수동적 존재로 비쳤다. 졸업 학기를 남겨 두고 고민하던 채연은 얼마 전 장래 희망을 기자로 수정했다. 광장에서 보고 들은 경험이 영향을 미쳤으리라.

장래 희망 이야기는 '2025년 한국 사회를 살아가는 20대 청년으로서 어떤 고민과 꿈이 있느냐'는 질문에 내놓은 답이기도 했다. 그러니까 꿈 쪽인 셈이다. 이어 채연은 고민도 털어놓았는데, 이쪽은 꽤 심각했다. 취직 문제는 어떻게든 노력하면 되는 문제이지만, 사실은 앞으로 인생을 살아가는 데 더 큰 고민이 있단다. 바로 또래 남성들이랑 잘 공존할 수 있을까 하는 고민.

"제 친구들 중에 시위를 거의 안 나간 애들도 탄핵 표결이 나던 12월 14일 여의도 집회는 다 갔었거든요. 그날은 정말 중요한 날이었잖아요. 그때 좀 기이하다고 느꼈던 것이 인스타그램 피드를 넘기면 여자 친구들은 다 여의도에 있는 사진인데 남자 친구들은 또 다 비슷하게 주말이라고 볼링 치고 삼겹살에 소주 마시는 사진밖에 없더라고요."

집회에서 찍은 사진을 가끔 에스엔에스에 공유하던 채연은 한 남자 동기에게 핀잔을 들었다. 정치색이 있는 사진을 남들 다 보는 에스엔에스에 왜 올리느냐는 말이었다. 여의도 집회 사진을 다들 올리지 않으냐고 되물으니 남자 동기는 자기 친구들은 아무도 안 올린다며 도리어 신기해했다.

그러니까 삶의 경계가 너무 달랐다. 채연이 아는 여자 친구들은 시위에 나간 사실을 말하는 일조차 겁낸다. 혹시 무슨 소리라도 들을까 봐 눈치를 본다. 마스크를 쓰고 딥페이크 시위에 나가는 여성들은 '혜화역 시위 구경하러 가서 마스크를 가위로 잘라 버릴 거야'라는 글이 올라오는 남초 커뮤니티를 보면서 무슨 생각을 할까.

"저도 한때는 남자 친구를 사귈 마음이 있었는데, 점점 자신이 없어져요. 주변의 여자 동기들도 대부분 연애에 대한 두려움이나 거부감이 있어요. 가까운 친구들 중에 남친과 헤어진 뒤 스토킹을 당하거나 몰카 피해를 입은 사례도 있고요. 누군가를 만났을 때 좋은 사람일 수도 있지만 안 좋은 사람일 가능성이 더 크니까, 그 리스크를 감당하느니 그냥 연애를 안 하겠다는 게 요즘 20대 여성들의 대체적인 생각인 것 같아요."

채연이 한 말이 맞는다면 젊은 세대의 남녀 갈등은 내가 상상하는 정도를 한참 넘어서는 수준이었다. 광장에 청년 여성들이 많이 나온 이유도 이런 상황하고 무관하지 않다 싶었다. 그렇지만 채연은 여성이 많이 온 데 주목하지 말고 남성이 오지 않은 이유를 생각해야 한다고 짚었다. 채연 같은 젊은이들이 이런 문제로 고민하는 현실이 안타까웠다. 채연이 말한 대로 여성과 남성은 한쪽이 한쪽을 행복하게 해 줘야 하는 사이가 아니라 앞으로 이 세상을 함께 살아가야 하는 대상 아닌가. 이 세상의 절반을 적으로 갈라놓고 '우리끼리만 행복한 삶'을 살 수 있을까.

이 문제는 어떻게 해결해야 할까. 여성가족부를 존속시키겠다는 대통령이 나오면 될까. 남자 청소년이 여성 혐오 문화를 배운다고 하는 커뮤니티 활동을 제한하는 법이라도 만들어야 할까. 해결책을 모색하기에는 혐오가 이미 문화로 자리 잡은 것은 아닐까. 청년들이 상대방을 혐오라도 하지 않으면 도저히 견딜 수 없는 극단적인 사회를 어떻게든 개선하는, 더 멀고 긴 고민을 시작해야 하는 것은 아닐까.

화성에서 온 엑스 세대, 금성에서 온 엠지 세대

채연을 만난 날은 종일 비가 내리는 쌀쌀한 초봄이었다. 본가가 있는 충청남도 예산에서 기차를 타고 서울 기숙사로 올라가는 길에 일부러 내가 사는 아산에 내린 참이었다. 날씨가 꽤 추운데도 채연은 남방셔츠에 짧은 반바지 차림이었다. 나는 뜨거운 커피, 채연은 아이스티를 앞에 놓고 마주 앉았다. 패션 취향만큼 음식 취향도 확고했다.

예산에서 태어나 자란 채연에게 트랙터는 낯설지 않다. 자동차보다 비싼 트랙터는 한 동네에 고작 몇 대뿐이어서 채연네처럼 작은 농가는 농사철에만 가끔 빌려서 사용한다. 승용차 차고는 없어도 트랙터 차고는 있을 정도로 농촌에서는 귀한 물건이다. 이런 '배경 지식' 덕에 채연은 농민들이 트랙터를 끌고 올라오는 의미를 잘 이해했고, 남태령에 더 관심을 기울이게 됐다.

채연은 시위가 벌어지는 광장이나 말벌 시민으로서 연대하는 현장을 모두 혼자서 찾아다녔다. 어울리는 친구들이 있지만 함께 가자고 일일이 설득하기도 힘들었고, 무엇보다 혼자서 홀가분하게 부스 구경도 다니고 무대 발언에 오롯이 집중하는 시간이 좋기 때문이었다. 집회나 투쟁 소식은 엑스만 보면 얼마든지 얻을 수 있어서 혼자 다니는 데 아무 문제가 없었다.

'혼자 다닌다'는 말을 광장의 청년들을 만나면서 흔하게 들었다. 단체나 동문회, 하다못해 동네 이웃 손이라도 잡고 함께 나가는 우리 세대하고는 달랐다. 엠지 세대는 집단이 아니라 개별로 행동한다. 기성세대는 중요한 정보를 보통 주변 사람들에게서 듣지만 엠지들은 손안의 핸드폰에서 거의 모든 정보를 얻고 문제를 해결한다.

"단순히 다른 세대가 아니라 아예 다른 인류 같아요."

얼마 전 엠지 세대를 두고 어느 지인이 한 말에 나도 충분히 공감한 적이 있다. 그런데 이 말이 어째 낯설지 않은 이유는 뭘까. 기억을 더듬던 나는 갓 대학생이 된 30여 년 전으로 거슬러 올라갔다.

1990년대 중반, 우리는 엑스 세대라고 불렸다. 그러니까

미지의 영역을 가리키는 '엑스'다. 도통 알 수 없는 존재라는 뜻이다. 엑스 세대라는 말이 그때 나오지 않았다면, 아마도 지금 우리가 엠지들을 엑스 세대라고 부르고 있지 않았을까.

우리는 초록색 커서가 깜빡이는 도스 화면을 배경으로 한 피시 통신을 거쳐 1995년에 출시된 '윈도즈 95'를 본격적으로 사용한 세대이고, 이메일을 널리 쓰기 시작한 인류다. 우리라고 처음부터 잘할 수는 없었다. 우표를 안 붙이고 컴퓨터에서 자판을 두드려 편지를 보낸다는 생각은 한 적이 없었으니까.

3월 첫 주 교양 수업에서 교수가 불러 준 이메일 주소를 호기롭게 받아든 나는 정작 메일 보내는 방법을 몰라서 끙끙댔다. 결국 학교 전산실에서 '선배처럼 보이는' 옆자리 학생에게 도움을 청했다. 잠시 고민하던 그 학생은 자신 있게 넷스케이프를 클릭해 띄우더니 검색창에 이메일 주소를 적어 넣은 다음 화면을 한참 노려봤다.

고등학생 신분일 때는 엄두도 못 낸 삐삐를 처음 개통한 날에는 꽤 설렜다. 옆구리에 찬 삐삐가 '삐삐삐' 하고 울리면 전화카드를 들고 학생회관 공중전화 앞 길게 늘어선 줄에 합류했다. 거의 모두 나처럼 삐삐 호출을 받은 사람들이었다. 서태지와 아이들을 시작으로 아이돌 문화가 대유행하면서 캠퍼스에는 바닥을 쓸고 다니는 통 넓은 힙합 바지나 한두 가닥만 탈색한 '브릿지' 헤어스타일이 넘쳐 났다.

뭔가 대단한 존재라도 출현한 듯 세상은 호들갑을 떨었

지만, 막상 우리를 둘러싼 현실은 별다르지 않았다. 우리는 그저 대학이라는 엄청나게 새로운 환경이 낯설고 어색해서 어쩔 줄 모르는 햇병아리들일 뿐이었다. 그런데 막상 기성세대가 돼 엠지 세대를 바라보는 우리도 30여 년 전 기성세대들이랑 똑같은 말을 하고 있다.

그렇지만 현실은 똑같지 않다. 엠지 세대의 삶은 엑스 세대의 젊은 시절보다 훨씬 더 복잡하고 힘겹다. 어쩌면 삶의 가장 기본인 가족 관계부터 그렇다. 예전에는 개인보다 공동체를 더 중시했지만, 요즘에는 개인의 의지와 자유로운 선택이 더 중요해졌다. 요즘 젊은 부부들이 명절에 부모 집을 덜 찾는 이유가 네 군데를 도는 일이 너무 번거롭기 때문이라는 우스갯소리를 들은 적이 있다. 부부의 양쪽 부모님이 각각 이혼해서 두 곳이 아니라 네 곳을 들러야 하기 때문이란다.

경쟁도 더 심해졌다. 더욱 경쟁력 있는 사람이 되는 데, 아니 최소한 그저 살아남는 데 훨씬 많은 조건이 필요해졌다. 이른바 '스펙'이라 불리는 것들 말이다. 나는 대학 시절에 스펙이라는 말을 들은 적이 없었다. 외국어 능력이나 어학연수도 필수가 아니었다. 게다가 요즘 청년들은 예전보다 상대적으로 더 가난하다. 갖춰야 할 조건도 많은데, 소비해야 할 품목은 늘어난다. 대학 등록금도 확확 오른다. 내가 만난 청년들은 대부분 시간제 아르바이트를 한 적이 있거나 하고 있다.

채연이 젠더 갈등을 고민하는 모습을 보고 요즘 많이 읽는다는 어려운 이론서를 찾아볼까 하던 나는 대학 시절 읽은 《화성에서 온 남자 금성에서 온 여자》를 떠올렸다. 남자와 여자는 서로 다른 행성에서 온 다른 종족만큼이나 다르니 내 언어가 아니라 상대의 언어에 바탕해 서로 잘 이해해야 한다는 내용이다. 사실 젠더 갈등보다는 연애 문제를 다룬 책이지만, 다른 사람을 이해하려는 노력이 중요하다는 깨달음은 언제나 유효하지 않을까.

엠지 세대 청년들을 만나러 다니기 시작하던 때 나는 종종 남몰래 긴장했다. 가족사를 묻다가 혹시 말실수라도 할까, 혹여 더 어리다는 이유로 존중받지 못한다고 느끼게 할까, 성적 정체성 등에 관련돼 잘못된 언행을 하지 않을까. 긴장이 풀리기 시작한 계기는 바로 '사람'이다. 엑스 세대인 나나 엠지 세대인 그이들이나 그냥 사람이라는 점에서 다를 것이 없었다. 어쩌면 채연이 말한 '사람이라는 존재가 지닌 아름다움'하고 통하는 이야기일지도 모르겠다.

엠지들이 집회에 혼자 나오는 이유를 이해할 실마리를 얻고 고개를 끄덕인 적이 있었다. 요즘 청년들이 예전에 견줘 좀더 개별화된 사실은 맞는다지만 코로나 시기를 거치며 세상과 선배 세대하고 단절되는 과정에서 관계 맺을 기회를 얻지 못한 탓에 정도가 심해진 듯하다는 설명이었다. 다른 이유도 있겠지만, 평소에 사회 활동이 활발하고 많은 사람을 만나는 후주가 한 이야기인 만큼 믿을 만했다. 일단 그렇게 될 수밖에 없는 이유가 있겠다고 이해하기 시작하자 엠지들이 전보다 더 잘 보이는 느낌이었다.

엑스 세대가 볼 때 엠지 세대는 가끔 다른 종족 같지만, 우리는 한국 사회라는 배경을 공유하는 동시대 인간으로서 공통점이 훨씬 많다. 도무지 알 수 없다는 엑스 세대, 또는 인터넷 등 네트워크를 잘 다루는 '엔N 세대'라 불린 우리도 검색창에 이메일 주소를 적어 넣고 끙끙대던 시절이 있지 않았던가.

엠지들이 《화성에서 온 남자 금성에서 온 여자》를 꼭 다시 읽을 필요는 없다. 살아가기 힘들고 세상이 각박한 시절이다. '우리 때도 그랬다'는 말은 아니다. 다른 집단을 향해 손쉬운 혐오를 퍼붓기 전에 잠시만이라도 상대방의 언어로 상대방을 이해하려는 다정한 노력을 해 보는 일은 생각보다 쉬울지도 모른다. 다정한 것이 살아남는 법이니까.

"퀴어 축제에 트랙터가 왔으면 좋겠습니다"

광장에 뜬 무지개, 취업 준비생 당근

한겨울 눈보라 속 초콜릿들이 반짝였다. 2025년 1월 3일부터 3박 4일간 한남동 대통령 관저 앞 대로에서 벌어진 시위는 많은 화제를 낳았다. 한파를 뚫고 은박 담요를 둘러쓴 채 밤샘 농성을 벌인 청년들은 '키세스단'이라 불렸다. 이 키세스 시위를 잊을 수 없는 사람이 또 있다. 무대에 올라 퀴어축제에 트랙터가 오면 좋겠다는 말을 한 당근(활동명)이다.

"그 발언이 에스엔에스에 퍼지며 여러 오해와 거짓 정보로 많은 비난을 받았어요. 발언 당시 시간 관계상 제 정체성에 대한 이야기를 하지 않았는데, 사람들이 저에 대해 추측을 넘어 확신을 하면서 다양한 비하 발언을 쏟아내더라고요. 트랜스젠더라는 얘기도 들었고 '2찍 작전 세력'이라는 말도 들었죠."

모두 같은 뜻을 가지고 나온 줄 알던 광장에도 각자의 기준으로 혐오의 잣대를 들이대는 사람들이 있었다. 당근은 생각했다. '우리는 정말 대혐오의 시대에 살고 있구나.'

'저 사람들이 저기 있는데 나도 갈 수 있겠다'

혐오는 낯설지 않다. 고등학교 1학년 때인 2016년 박근혜 퇴진 시위를 경험한 당근은 이듬해부터 서울퀴어문화축제에 쭉 나갔다. 대학에 입학한 뒤에는 한국여성의전화 지부에서 자원봉사자 겸 회원으로 활동하면서 여성 관련 시위에 꾸준히 참여했다.

"미투 운동 이후, 특히 강남역 살인 사건 이후에 여성 시위가 폭발적으로 늘어났는데, 저도 그 시위들에 항상 나가는 편이었어요. 주로 소규모 집회였고, 주변 남성들의 공격적 시선과 야유를 늘 감내해야 했죠. 최근 몇 년 사이 인식이 개선되기는 했지만, 퀴어 축제는 더 심했어요. 극우 단체가 몰려오고, 지나가는 사람들의 뜨악한 시선도 만만치 않았죠. 그런 데 참여했던 사람들은 되게 단단해요. 그 상황들을 다 이겨 내고, 포기하지 않고 계속 나온 사람들이거든요."

차별금지법 제정 운동이 활발하던 2020년, 당근은 차별금지법제정연대에서 벌인 1인 시위에도 적극 참여했다. 그해 8월 지하철 신촌역 '국제 성소수자 혐오 반대의 날IDAHOBIT' 광고판 훼손 사건은 아직도 잊을 수 없다.

"커터 칼로 찢어서 아예 광고판 자체가 뜯어져 나간 적도 있고, 재설치 후에도 낙서와 훼손이 발생해서 경찰이 출동하기도 했어요. 친구랑 신촌역에 가서 뜯긴 광고판을 직접 보고 재설치되는 것도 봤죠. 평소에는 보이지 않게 느꼈던 차별이 막상 눈앞에 구체적인 모습으로 드러나니까 그때 받은 인상이 강했어요. 세상은 아직 여전하구나."

2025년 3월 남태령에서 벌어진 전봉준 투쟁단 2차 트랙터 시위 때는 극우 단체 회원들이 먼저 와서 진을 쳤다. 남태령역에서 집회 장소까지 가는 과정이 만만치 않았다. 당근을 비롯한 참가자들은 어김없이 '너 남자냐 여자냐, 아니면 트랜스젠더냐' 같은 혐오 발언에 시달려야 했다. 퀴어문화축제에도 극우 단체가 오지만 그렇게 가까이 다가온 적은 없었는데, 그날은 그런 공격을 고스란히 받을 수밖에 없었다.

당근은 새벽 아르바이트 때문에 1차 남태령 시위에 참가하지 못했다. 대신 밤새 라이브를 지켜보다 아침에 합류했다. 그때는 잘 몰랐는데, 한남동 3박 4일 집회에서 사람들이 끊임없이 이야기하는 모습을 보고 남태령이 얼마나 중요한 일인지 알게 됐다.

"남태령이 참 기적처럼 일어난 일이었지만, 전혀 예상치 못했던 일이라고 생각하지는 않아요. 제가 퀴어 행사와 여성 시위에 계속 나갔던 것처럼, 그동안 그런 집회를 경험했던 여성과 성소수자들이 꽤 많았을 거예요. 또 그걸 지켜만 보고 막상 나오지 못했던 사람들도 있었을 거고요. '저 사람들이 저기 있는데 나도 갈 수 있겠다'는 생각이 든 사람들이 남태령 등 이번 광장에 나온 거라고 생각해요."

말벌 동지도 그런 맥락에서 탄생한 것이라고 당근은 말했다. 그동안 소수자들이 벌인 싸움을 계속 지켜 온 이들 덕분에 더 많은 사람이 광장에 모일 수 있었다.

"제 친구들 중에는 옛날 민주화 운동 시절만 생각하고 데모라는 것을 아주 위험하고 폭력적인 것인 줄 알았던 경우도 있어요. 한쪽에서는 경찰이 몽둥이 들고 진압하고 이쪽에서는 화염병을 던지지 않나, 이런 생각 때문에 겁이 나서 집회에 못 나오는 친구들이 실제로 꽤 있었어요. 그런데 내란 사태를 맞아 용기 내어 뛰쳐나와서 막상 광장을 보고 '어라, 생각보다 안전하네, 심지어 아주 평등하게 참여할 수 있네' 이런 걸 알게 된 거죠."

처음에는 의무감이나 양심 때문에 시위에 나오다가 점점 그 동력이 사람으로 바뀌더라고 당근은 말했다. 양심이나 정의보다 광장에 나가 있는 사람들이 걱정돼 안 나올 수가 없었다. 사람 수가 적으면 극우 세력에게 공격당할 수도 있고 경찰 탄압도 심해진다. 혹여 내가 없을 때 그런 일이 생기면 어떡하나. 무슨 일을 당해도 같이 당하면 마음이나마 편하지 않을까. 그런 마음이 특히나 간절해진 순간이 2차 남태령 시위였다.

"남태령에서 밤을 새다가 새벽 다섯 시쯤에 경복궁역 앞 소식을 알자마자 달려갔어요. 그때 경찰의 트랙터 탈취를 막으려던 노동자, 시민들이 경찰에 의해 내동댕이쳐지는 걸 보고 저도 앞뒤 생각 없이 막 뛰어들었죠. 그때 감정을 뭐라고 말하기 힘드네요. 이 트랙터가 뭐라고 이렇게 우리를 던지고 때리나. 화도 났지만 슬프기도 했어요. 누가 뭐라 말해도 안 들리고, 눈앞에 있는 사람들 말고는 아무것도 안 보였어요."

경찰 차벽을 피해 광화문에 진출한 트랙터 한 대를 두고 경찰과 시민 사이에 격렬한 싸움이 벌어졌다. 당근이 그때까지 나간 시위를 통틀어 가장 위급한 상황이었다. 경찰은 트랙터를 포기한 채 철수했고, 시민과 농민은 트랙터를 앞세워 행진했다. 그전에도 광장에서 농민을 만나면 인사하고 안부

정도는 묻던 당근은 그 일을 함께 겪은 뒤 연대하는 마음이 더 끈끈해졌다.

"매주 퀴어 퍼레이드 하는 것 같다"

당근을 만나면 꼭 묻고 싶은 말이 있었다. 광장에 성소수자를 상징하는 무지개가 그렇게 많이 보인 이유. 한국에 성소수자가 이렇게 많았나? 이번에 성소수자가 유난히 많이 눈에 띄었을까?

"첫 번째 이유는 이번 광장에서 무지개 용품이 많이 배포됐기 때문이에요. 민주노총에서도 무지개 투쟁 띠를 나눠 주고 다른 단체들에서도 많이들 그랬죠. 그걸 달고 다닌 사람들 중에 소수자도 있겠지만 '나도 연대하겠다'는 의미로 다는 분들도 많았을 거예요. 그게 무지개 아이템이 많았던 이유인 것 같아요.

두 번째로는 실제로 성소수자들이 이전보다 광장에 많이 나오기도 했을 텐데, 그건 퀴어문화축제의 영향이 큰 것 같아요. 성소수자는 말이 소수자이지만 생각보다 그 수가 많아요. 퀴어문화축제에 오는 사람들도 생각보다 아주 많고요. 이름은 축제인데 사실은 시위의 느낌이 강하고, 행사에서는 여러 가지 의제가 같이 나와요. 세종호텔이나 금속노조 등도 계속 참여해 왔고 장애인들도 휠체어를 타고 같이 행진을 했어요.

무지개 깃발을 들고 퀴어 퍼레이드에 참가한 당근. ⓒ 신유아

그러면서 일종의 시위처럼 되기도 하는데, 그 때문인지 성소수자들은 자연스레 사회적 의제나 집회 문화에 익숙한 사람들이에요. 광장이란 그들에게 낯선 공간이 아닌 거죠.”

'모든 참가자는 성별, 성적 지향, 장애, 연령, 국적 등에 상관없이 동등하다.' '윤석열즉각퇴진·사회대개혁 비상행동'(비상행동)이 공표한 평등 수칙이다. 이 평등 수칙은 사회적 약자와 소수자도 광장에서 안전하고 자유롭게 활동할 수 있는 보호막이 됐다. 덕분에 같은 광장 안에서도 여성 혐오나 소수자 비하 등이 발생한 전철을 되풀이하지 않을 수 있었다.

당근은 광장을 평등하게 만든 요인을 하나 더 꼽았다. 바로 무대 발언이다. 집회가 거듭되면서 점차 평등 수칙을 지킨 발언을 해 달라는 요구가 나왔고, 발언 신청자를 그대로 무대에 올리는 방식은 발언문을 먼저 받아서 검토한 뒤 채택하는 쪽으로 바뀌었다. 많은 사람의 뜻이 모여서 평등한 광장이 만들어지는 과정도 참 소중하더라고 당근은 말했다. 묻고 싶은 말이 또 있었다.

“그렇게 만들어진 광장은 축제처럼 흥겨웠어요. 응원봉이나 깃발도 그런 분위기를 만드는 데 일조했지만, 행진 때 신나게 노래 부르고 춤을 추며 걸었던 것이 저는 제일 인상에 남아요. 이것이 퀴어 축제가 준 영향이라는 얘기를 듣고 좀 놀란 적이 있는데, 실제로 그런가요?”

“퀴어 축제의 영향이 아주 크죠. 1인 기수들의 깃발도 그

연대 집회에 참석해 바닥에 분필로 구호를 쓰고 그림을 그리는 당근.

렇지만 행진 트럭에서 계속 노래를 틀고 함께 춤추고 노래 부르면서 갔던 것, 특히 케이 팝을 틀었던 것은 퀴어 퍼레이드의 영향이 분명해요. 퀴어 축제에서 늘 그때 트렌드인 케이 팝을 틀거든요. 민주노총에서 진행한 이번 5월 1일 노동절 집회도 퀴어 축제와 좀 비슷한 분위기였어요. 이 즐거운 시위 문화는 그 영향을 많이 받지 않았나 싶어요. 제 친구가 집회에서 행진하면서 그러더라고요. 매주 퀴어 퍼레이드 하는 것 같다고.”

소수자들은 사회에서 차별당하고 소외된 아픔을 축제 같은 흥겨운 시위 문화를 통해 이겨 냈다. 슬프고 외로울수록, 폭력과 편견의 시선에 짓눌릴수록 더 크게 노래 부르고 춤추며 서로 감싸고 위로했다. 이제 광장의 전면에 등장한 춤과 노래는 더는 소수자 문화가 아니다. 강자가 휘두르는 폭력 앞에 상대적 소수자가 된 광장의 모든 사람에게 지치지 않고 싸울 힘과 용기를 불어넣는 주류 문화다.

퀴어랑 농민이라는 ‘상상도 못한 조합’

퀴어 축제에 트랙터가 오면 좋겠다던 말도 오해와 편견을 거스르고 현실이 됐다. 2025년 6월에 열린 서울퀴어문화축제에 농민 단체가 처음으로 부스를 내고 참가했다.

“한국 사회에서 늘 소수자였던 농민들의 외로운 투쟁에

우연과 필연. 2025년 9월 27일 기후정의행진에 참석해 광장 동지 후주(현수막 뒤 맨 왼쪽)를 만나 반갑게 인사하는 당근(현수막 앞 뒷모습). ⓒ 이온화

한 치의 망설임 없이 달려와 준 소수자 친구들에게 이제 우리가 조건 없는 연대를 보여 드리겠습니다. …… 세상은 우리 같은 소수자들, 차별받는 사람들이 바꿀 것입니다.”

2025년 4월 15일 한승아 전여농 정책위원장은 서울 향린교회에서 열린 제26회 서울퀴어문화축제 개최 발표 기자 회견에서 이렇게 말했다.

“퀴어랑 농민이라니. 우리나라에서는 상상도 못했던 조합이죠. 하지만 그렇기 때문에 이 연대가 더 소중하게 느껴져요. 한가지 걱정은 농민들이 축제에 오셔서 너무 어색해하시면 어쩌지 싶은 거예요. 하하하. 근데 좀 어색하더라도 매년 보고 싶고, 매년 오셨으면 좋겠어요.”

농민만 소수자들의 손을 잡지는 않았다. 광장에서 어디를 가든 보이는 무지개는 연대의 상징이면서 감사의 상징이었다. 달려와 연대해 준 청년 여성과 성소수자가 정말 고마운 농민들이 퀴어 축제에 참가하듯, 노동조합과 여러 투쟁 사업장에서도 연대에 보답하는 감사와 애정이 무지개로 표현됐다. 무지개 배지를 차고 전봉준 투쟁단 손수건을 꼭 묶은 채 다니는 어떤 청년의 마음이 더 평등한 광장을 만든 힘이었다.

윤석열이 파면된 뒤에도 당근은 세종호텔과 금속노조 거통고지회 고공 농성장, 지혜복 교사가 농성하는 서울시교육청, 전장연 시위, 마트노조 집회 등 서울에서 벌어지는 거의 모든 시위에 참여하는 말벌 시민으로 살고 있다. 그러는 한편 2025년 2월에 대학을 졸업한 취업 준비생이 돼 학원을 다니고 자격증 시험을 보며 미래도 준비하는 중이다.

"나도 괜찮은 노후를 누릴 수 있을까"

한국 사회를 살아가는 다른 청년처럼 당근도 비슷한 불안을 겪는다. 앞으로 주거를 어떻게 마련해야 할지, 직장은 뭘 선택해야 할지, 취직해도 안정적으로 오래 일할 수 있을지. 노년기까지 어떻게 살아갈지 앞이 잘 안 보이는 불안한 기분은 비슷하다. 당근은 여기에 덧붙는 자기만의 고민이 있다. 성소수자로 살아갈 노후가 도무지 그려지지 않기 때문이다.

"미디어를 포함해 사회적으로 성소수자의 나이 든 모습을 별로 본 적이 없어요. 여성의 경우는 방송 등에서 비혼 여성의 노후를 가끔 다루기도 하고, 에스엔에스에도 고양이를 키우면서 사는 비혼 여성의 모습이 보일 때가 있죠. 그런데 성소수자의 노후에 대해서는 모델로 참고할 만한 모습을 거의 보지 못해서 친구들과 그 고민을 나눈 적이 있어요. 내가 이 정체성으로 나이가 들면 어떤 모습으로 살게 될까. 나도 괜찮은 노후를 누릴 수 있을까."

성소수자는 언제나 있었고, 그 사람들도 늙어서 노후를 살아야 했다. 그렇지만 그런 모습은 철저히 감춰져 드러나지 않았다. 젊은 성소수자가 이런 고민을 한다는 사실을 처음 알고 나는 좀 놀랐다. 조금만 생각해 보면 당연한 일인데 말이다.

당근을 처음 만난 5월 중순은 21대 대통령 선거를 목전에 두고 광장에서 제기된 요구들이 재조명받는 시기였다. 나는 무엇이 사회 대개혁이라고 생각하느냐고 물었다.

"진짜로 사회가 개혁되려면 구성원들의 의식까지 개혁이 필요하겠죠. 하지만 그렇게까지는 힘들 것이고, 일단 눈에 보이는 법적, 제도적 변화가 있어야 한다고 생각해요. 사회라는 것은 그 소속 구성원들에 의해 계속 변화하는 것이고, 개혁돼도 또 개혁이 필요한 게 사회잖아요. 그럼에도 굳이 답을 하자면, 사회 대개혁이 어느 정도 이루어졌다고 확인할 수 있는 지표는 차별금지법 제정이라고 봐요."

'포괄적 차별금지법'이라 불리는 차별금지법은 소수자들에게 가장 절실한 사회적 의제다. 2006년부터 2025년까지 차별금지법은 여덟 차례 발의되지만 한 번도 국회 문턱을 넘지 못했다. 소수자의 목소리를 어느 때보다 널리 포용한 탄핵 광장은 차별금지법이 제정될 수 있다는 기대감을 높였다. 그러나 대통령 선거를 거치면서 기대는 실망으로 바뀌었다. 광장의 목소리는 자취를 감췄고, 민주노동당 권영국 후보를 뺀 다른 대선 후보들은 '아직은'이라는 말로 또다시 차별금지법을 외면했다. 그렇지만 당근은 아직 포기하지 않는다.

"한남동 키세스 집회 발언 이후에 제가 무지개 깃발을 만들어서 들고 다녔어요. 그런데 그걸 보고 저를 알아보시거나 와서 고맙다고 하시는 분들이 많았어요. 저를 붙잡고 펑펑 울면서 '그동안 너무 힘들었고 광장에 나와서도 좀 힘들었는데 무지개 깃발을 보고 힘을 얻었다'는 분도 있었고요. 소수자가 마음 내어 나오는 것이 그만큼 힘든 일이지만, 그럼에도 포기하지 않고 계속 깃발을 들고 목소리를 내면 그것에 위안받고 용기 얻어 나오는 사람들이 분명 있어요."

당근이 한남동에서 한 말이 논란이 된 시기는 '탄핵 광장인데 왜 자꾸 다른 얘기를 하느냐'며 퀴어 의제가 등장하는 흐름을 불편해하는 목소리가 흘러나온 무렵이었다. '깃발 내려라, 소수자는 입을 닫아라, 우리는 순수한 촛불 시민으로만 보여야 한다'는 오래 묵은 목소리. 박근혜 탄핵 시위 시절부터, 아니 훨씬 전부터 우리 귀에 익은, 광장에 함께 있는 또 다른 약자를 억압하는 우리 안의 목소리. 그렇지만 누가 뭐래도 탄핵 광장의 주류는 바로 그 소수자들이었다. 눈에 보이는 광장을 넘어 각 투쟁 사업장으로, 더 넓은 사회적 의제로 광장을 넓힌 주역도 그 소수자들이었다.

'약한 것들'을 잇는 다정한 연대

당근이 보낸 사진 한 장을 받았다. 손으로 직접 만든 무지개 구슬 키링이 보였다. 무지개 깃발을 들고 다니는 당근에게 다가온 사람이 슬쩍 건네고 도망치듯 사라졌다. 함께 전달한 초

코바에는 '광장의 무지개를 아끼고 사랑하는 시민'이라고 적은 스티커가 붙어 있었다. 혐오는 연대를 이길 수 없었다. 퀴어 축제에서 트랙터를 보고 싶다는 말에 화답하는 농민이 있고, 무지개 깃발을 바라보며 용기를 내는 사람들이 있으므로.

당근은 광장에서 내가 가장 많이 만난 인터뷰이다. 2025년 5월 식민지역사박물관에서 열린 기획 전시 '민주주의와 깃발' 개막식에서, 6월 향린교회에서 열린 남태령 토론회와 금속노조 거통고지회 천막 농성장에서, 9월 광화문 앞에서 열린 '기후정의행진'에서 우리는 다시 만났다. 미디어가 주목하는 유명한 말벌 시민은 아니지만, 아무도 안 보는 곳에서 한결같은 모습으로 날아다녔다. 당근이 올린 에스엔에스 메시지만 보면 그날 서울에서 열리는 집회와 시위 일정을 대충 파악할 수 있을 정도였다.

당근을 생각하면 '다정'이 가장 먼저 떠오른다. 낯선 사람이 만나자는 말에 시간과 마음을 내어 준 청년들이 다 고마웠지만, 다른 말벌 동지를 소개하고 연락처도 알아보면서 어떻게든 도우려 애쓴 마음은 더욱 기억에 남았다. 그러고 보니 채연과 승유도 그랬다. 시간 내 줘 고맙다고 하니 오히려 채연은 우리 이야기를 써 줘 더 고맙다며 기꺼이 내가 있는 곳으로 왔다. 반대로 승유는 멀리 찾아오게 해 미안한지 내게 뭐든 다 해 주려 애썼다. 공교롭게도 모두 남태령 이야기를 가장 길게 한 이들이다.

광장의 청년들이 궁금해 인터뷰를 시작한 나는 남태령에

무지개 깃발을 들고 광장에 선 당근.

주목할 수밖에 없었다. 2024년 12월 21일 동짓날에 벌어진 '남태령 대첩'을 우리는 왜 아직도 이야기할까? 만나서 이야기를 나눌수록 광장의 청년들이 힘을 내기 시작한 곳, 청년들이 가장 강하게 영향받은 곳이 바로 남태령이라는 사실을 알게 된 때문이다.

남태령은 광장에 쏟아져 나온 응원봉과 깃발에 놀란 기성세대가 기특하게 여기기만 한 청년들을 이해할 거의 유일한 창구이자 키워드다. 내가 이해한 남태령 정신은 '약한 것들끼리 하는 연대'다. 농민과 여성 청년, 성소수자 청년, 어찌 보면 우리 사회에서 가장 힘 없는 약자끼리 서로 손잡고 도우며 불가능해 보이던 싸움을 기적 같은 승리로 이끈 곳이 남태령이다.

힘든 상황이 닥칠수록 약한 존재는 서로 돕는다. 여행가 김남희는 한 강연에서 오지 여행 중 만난 작고 약한 동물들이 극한 상황에 닥칠수록 똘똘 뭉쳐 함께 대응하더라는 이야기를 들려줬다. 재난 탐사 르포 《이 폐허를 응시하라》에서 레베카 솔닛은 재난 상황에서 흔히 떠올리는 약탈과 파괴, 폭동은 미디어가 퍼트린 이미지일 뿐 많은 이들이 재난 속에서 강한 이타주의와 연대를 경험한다고 썼다. 재난을 맞아 자발적으로 만들어진 공동체는 연대와 상호 부조에 바탕한 시민사회가 돼 마치 축제나 혁명처럼 비친다는 지적도 했다. 이 대목에서 나는 동짓날 남태령의 밤 내내 길바닥에서 열린 만민공동회를 떠올렸다.

2024년 12월 이곳 한국에서 우리가 경험한 일이 바로 재난이었다. 온 국민을 잠 못 들게 한 비상계엄이, 남태령에 모인 농민과 시민 수백 명을 몇 배 많은 경찰이 진압하려 들던 그 밤이 재난이었다. 재난 상황에서 발휘된 약자들 사이의 강력한 이타주의를 나는 생생하게 전해 들었다. '약한 것들'을 잇는 다정한 연대가 광장의 정신이라고, 나는 지금도 믿는다.

"살려 달라는 말이 어떻게 순서를 지켜 나올 수 있습니까?"

‘초대형 말벌’ 된 거통고지회 조합원 송예은

송예은 연극의 암전을 사랑하는 사람. 현실의 암전은 어둡지만 연극의 암전은 새로운 시작이니까. 전국금속노동조합 거제통영고성조선하청지회(거통고지회) 조합원이기도 하다.

"정당한 임금과 상여금을 지급해 달라, 일하다가 죽거나 다치지 않도록 안전 대책을 마련해 달라, 이 당연한 요구를 하려고 저 위에 사람이 올라가게 됐습니다. 한화가 정말 하청 노동자와 관련이 없다면 왜 노동자들의 정당한 투쟁에 470억 원의 손해 배상을 청구했겠습니까. 시민 여러분! 식사하러 가시는 길에 한화오션과 고공 농성을 한번 검색해 주십시오. 고공 농성을 왜 하게 됐는지 한 번씩 읽어 봐 주시기 바랍니다."

윤석열 퇴진 광장에서 '야생맘마먹음이보존협회'의 일인 기수로 활동한 대학생 예은은 전국금속노동조합 거제통영고성조선하청지회, 줄여서 거통고지회의 조합원이다. 서울시 중구 한화그룹 본사 앞 거통고지회 천막 농성장에서 예은을 만난 5월 26일, 마침 같은 곳에서 민주노총 서울본부가 기자 회견을 하고 있었다. 거통고 고공 농성 승리를 위한 '서울지역 노동시민사회단체 공동대책위원회'를 발족한다는 내용이었다. 바로 옆 30미터 철탑 위에서 73일째 고공 농성 중인 김형수 지회장이 내려다보고 있었다(김 지회장은 6월 19일, 고공 농성 97일 만에 지상으로 내려왔다).

좌절할 시간 없는 바쁜 말벌

예은은 바빴다. 기자 회견이 끝난 다음에는 활동 방향을 의

2025년 2월 19일 창원지방법원 통영지원 앞에서 김형수 거통고지회장에게 조합원 가입 신청서를 내는 예은. ⓒ 서진ENG 변주현

논하는 간담회가 이어졌고, 30분 정도 점심 선전전을 마치고 나서야 이야기를 나눌 수 있었다. 기다리는 김에 나도 피켓을 들고 포효하는 예은 옆에 서서 선전전에 함께했다.

'단결 투쟁' 머리띠에 노조 조끼를 입은 청년들을 광장에서 많이 봤지만, 예은은 그냥 딱 현직 노조 조합원이었다. 어깨를 덮던 긴 머리는 쇼트커트로 잘려 있었다. 김 지회장이 고공 농성을 하러 철탑에 올라가던 날 당분간 내려올 수 없으니 짧게 이발했는데, 그날 같이 잘랐다. 농성장에 매일 출근 도장을 찍는 상주 조합원다웠다.

투쟁 현장에 연대하는 시민들을 가리키는 '말벌 아저씨 시민 연대'도 예은에게서 시작된 말인지 모른다. 전장연 시위에 참여한 예은이 인터넷 밈 '말벌 아저씨'를 빗대어 연대한다는 의미로 '말벌 시민'이라는 밈을 퍼트린 당사자라는 기사가 실리기도 했다.

"이제는 한 마리 말벌을 넘어 아예 노조 조합원이 되셨네요. 집회나 시위에 나온 것은 이번 광장이 처음이었나요?"

"거의 그런 셈이죠. 그전의 집회 경험이란 퀴어 축제에 참가해 본 것이 다였으니까요. 계엄이 선포되던 밤, 저희 집이 수방사(수도방위사령부)에서 멀지 않아서 헬기 출동하는 소리가 들렸어요. 다음 날 아침에 여의도 국회 앞에 나갔는데 상황이 많이 정리된 상태더라고요. 민주노총이 긴급 기자 회견을 한다고 해서 광화문으로 갔다가, 저녁때는 '윤석열즉각퇴진·사회대개혁 비상행동'이 주최한 여의도 집회에 참석했어요."

특히 계엄 당일 밤 가장 먼저 나온 금속노조 성명서는 예은에게 큰 영향을 미쳤다. '윤석열이 비상계엄을 선포했다. 지금부터 금속노조는 저항의 최전선에 선다'는 문구로 시작하는 성명서는 짧으면서도 웅변하듯 강렬했다.

"금속노조가 선봉에 선다는 말이 되게 믿음직한 거예요. 만약 국회 의원이 선봉에 선다고 하면 그들이 딱히 나를 보호해 줄 것 같지 않지만, 그렇게 용감하게 싸우는 노동자들이 우리 편이라니까 너무 든든하잖아요."

예은은 쌍용자동차 투쟁을 다룬 텔레비전 시사 프로그램을 보고 어른들에게 질문하는 아이였다. 사회 문제에 관심이 많아서 트위터로 정치인 계정을 팔로우하는 초등학생이기도 했다. 중학교 때부터 페미니즘이나 성소수자 인권 관련 서적을 포함해 1년에 100권씩 책을 읽었다. 세상이 궁금하니까 책을 찾아봤는데, 책 속에 나온 대로 세상이 돌아가지 않는 데 의문을 품게 될 때가 많았다. 태권도 청소년 국가 대표로 대학에 들어가지만 진로를 바꿔 사회과학을 복수로 전공하며 철학을 공부했고, 졸업을 앞두고는 연극 동아리를 하면서 배우를 꿈꿨다.

예은은 윤석열 정권 시기에 유독 사회적 우울감을 심하게 겪었다. 세월호나 이태원 참사를 비롯해 강남역 여성 살해 사건, 소라넷 폐지 운동, 에스피씨 투쟁, 화물연대 파업 등 크고 작은 사회 문제를 모두 관심 있게 지켜보면서 어떤 행동도 하지 못하는 자기 자신이 무력하게 느껴졌다. 2012년 대통령 선거 개표 방송을 보다가 체하는 통에 독재자의 딸을 뽑은 어른들을 원망했지만, 막상 어른이 된 자기도 별다르지 않다고 깨닫고 깊이 좌절했다.

"어쩌면 이게 저의 첫 무대일 겁니다"

"박근혜 퇴진 광장과 이곳은 다르다는 게 피부로 느껴졌어요. 막연하게 뭉뚱그린 사회 개혁을 얘기하는 것이 아니라, 집회 전에 평등 수칙을 외치고 혐오 발언 등을 경계하니까 소수자도 광장에서 안전하다는 느낌을 받았어요. 그래서 저도 첫 발언 때 평소에 말하지 못한 것들을 많이 얘기했어요. 성소수자 인권, 장애인 이동권 투쟁, 여대들의 투쟁, 세월호와 이태원 참사, 노동조합들의 투쟁에 대한 이야기였죠."

2024년 12월 10일 여의도에서 열린 평일 집회였다. 무대에 올라가기 전에는 겁도 났다. '내가 여기서 성소수자를 지지한다고 말해도 이 사람들이 박수 쳐 줄까. 나는 당사자도 아닌데. 발언을 하고 자리에 돌아갔을 때 사람들이 나를 싫어하는 눈으로 보면 어떡하지.'

기우였다. 격려와 박수가 쏟아졌고, 영상이 에스엔에스에 퍼지면서 '얘기 잘 들었다'는 말도 많이 들었다. 그 영상을 나도 봤다. 용기 내지 못한 지난날을 반성하며 이제라도 행동하

계엄 날, 모델 아르바이트를 마치고 프로필 사진을 찍은 예은.

겠다고 다짐하는 스물다섯 청년의 진심이 거기에 있었다.

"나는 노동자가 시민을 필요로 할 때 같은 노동자임에도 행동하지 않았습니다. 학생 여러분, 이 사회의 어른으로서 미안합니다. 노동자 여러분, 같은 노동자로서 미안합니다. 나는 더 이상 패배감에 울지 않을 것입니다."

배우 지망생은 '어쩌면 이게 저의 첫 무대'일 것이라 말했고, 청중은 지지와 환호로 답했다. 그때부터 예은은 매일 광장에 나갔다. 학기 중이고 기말고사 기간이지만 하루도 빠짐없이.

다른 많은 말벌 시민처럼 예은도 12월 남태령에서 농민 단체가 벌인 트랙터 시위를 중요한 순간으로 꼽았다. 탄핵 광장만이 아니라 특정 단체 집회에 나가도 된다고 가르쳐 준 사건이라서 특히 인상 깊었다. 농민들은 달려온 연대 시민들을 환대했고, 사회적 소수자들이 정체성을 밝혀도 안전한 공간이었다.

"남태령은 저를 거통고지회와 연결해 준 곳이기도 해요. 남태령 때 이곳저곳 투쟁 사업장 이야기가 나오면서 노동조합 등에 후원의 물결이 이어졌는데, 그중 하나가 거통고였거든요. 그 뒤에 거통고 측에서 남태령에 왔던 시민들을 향해 에스엔에스에 초대장을 올리셨어요. '여러분이 너무 궁금하다, 우리 신년 문화제에 와 주면 감사하겠다, 떡국을 나눠 먹겠다'고 하셔서 바로 달려갔죠. 제가 금속노조를 정말 너무 좋아했거든요."

"이 투쟁이 남의 일이 될 수가 없는 거죠"

거제에서 새해를 함께 맞은 이들을 2025년 1월 초 한남동 키세스 집회에서 다시 만났다. 3박 4일 집회가 끝날 무렵에는 헤어지기 아쉬웠는데, 이틀 뒤인 1월 7일에 거통고지회가 한화그룹 본사 앞에 천막을 치고 상경 투쟁을 시작했다. 예은도 그날 밤부터 용역들에 맞서 함께 싸웠다. 엑스를 타고 소식이 퍼지면서 말벌 동지들도 현장으로 달려갔다. 바로 이때 말벌 동지들이 본격 활동하기 시작했다. 예은도 '거통고 사람'이 됐다.

"정식으로 조합원 가입을 한 날은 2월 19일이에요. 2022년 거통고지회에서 벌였던 파업에 대한 1심 재판 결과가 나온 날이죠. 그전까지 고민을 오래 했어요. 동지들에게 도움이 되려면 내가 연대 시민으로 있는 게 나은가, 아니면 조합원이 되는 게 나은가 하고요. 저희 지회장 동지한테 농담으로 '만약 판결이 잘못돼도 걱정하지 마라, 내가 조합원 가입을 해서라도 투쟁에 힘을 보태겠다' 했던 것이 계기가 되어 결국 그날 조합원으로 가입하게 됐어요."

2022년 여름 거통고지회 노동자들은 원청인 대우조선해양을 상대로 5년 동안 삭감되고 동결된 임금을 원상 회복하고 하청 노동자 처우를 개선하라는 요구 등을 내걸고 51일간 파업을 벌였다. '윤석열·김건희 부부 공천개입 의혹 사건'의 핵심 인물인 명태균이 등장해 강경 진압을 제안한 사실이 밝혀지기도 했다. 파업이 끝나자 대우조선은 노조 집행부 다섯 명을 상대로 470억 원짜리 손해 배상 청구 소송을 제기했고, 업무 방해 등 혐의로 조합원 22명을 고소했다. 2023년 대우조선해양을 인수한 한화그룹은 회사 이름을 한화오션으로 바꿨다. 한화는 이름을 바꾸면서 소송도 이어받았다. 하청 노동자의 '노조 할 권리'와 천문학적 손해 배상 소송이 맞부딪친 상징적인 파업을 둘러싼 재판은 공익성을 인정받아 징역형 집행 유예와 벌금형으로 마무리됐지만, 거통고지회는 항소했다.

"조합원 신분의 효용은 바로 증명됐어요. 얼마 뒤인 2월 28일에 서울시교육청에서 성폭력 공익 제보 건으로 해임된 지혜복 선생님 복직 시위를 벌이다 경찰에 연행되는 일이 생겼거든요. 경찰서 유치장에서 48시간을 거의 다 채우고 나와야 했지만, '소속'이 있었기 때문에 금속노조 법률원장님이 변호사로 찾아와 주셨죠."

활동이 두드러진 만큼 예은은 종종 공권력이 노리는 표적이 됐다. 혜화역에서 열린 전장연 시위에서는 서울대병원 입구에 붙인 스티커 두 장 때문에 경찰에 소환돼 기소 유예로 풀려나기도 했다. 집회에서 발언할 때는 시민이 아니라 경찰 쪽을 봤다. 주목을 안 받으려야 안 받을 수 있었을까. 서울시교육청에서 연행될 때는 혼자만 유치장 독방에 갇혔다.

"그렇게 이곳저곳에 연대하던 말벌 시민에서 이제는 거통고지회 정식 조합원이 되어 농성장에 상주하며 활동하고

계엄 뒤, 금속노조 조끼를 입고 거통고 천막 농성장 앞에 선 예은.

있네요. 왜 하필이면 거통고지회였나요?”

“이 사람들이 있는 곳이라면 나도 같이 있고 싶다, 그런 생각이 든 거죠. ‘무지개조선소’를 할 때 제가 작업반장이었거든요. 저 앞에 있는 저 배(노동자와 연대 시민이 함께 제작한 연대투쟁호)를 만든 작업이요. 그때 조합원들과 많이 친해졌어요. 개개인의 인간적인 면모도 좋았고, 다른 투쟁 사업장에 어려움을 무릅쓰고 기꺼이 연대하는 모습, 세대 차이나 문화적 차이가 있는 연대 시민들을 포용적으로 대하시는 모습도 참 좋았죠.”

폐회로 텔레비전CCTV 철탑 위에서 97일간 고공 농성을 벌인 김형수 지회장을 만난 인연도 특별하다. 한화 본사 앞에 천막을 치고, 배를 만들고, 고공에 올라가는 과정에서 거침없이 투쟁하면서도 여유를 잃지 않고 사람들을 배려하는 태도, 다른 단체가 하는 투쟁에 진심으로 연대하는 자세, 청년과 소수자의 눈높이에 맞춰 대화하고 문제가 생기면 바로 시정하려고 노력하는 모습에서 예은은 깊은 인상을 받았다. 예은은 어느새 어느 현장에 가든 금속노조를 향한 ‘사랑’을 고백하는 사람이 됐다.

거제에 있는 조선소 현장에서 외롭게 싸우는 조합원 동지들도 예은의 마음을 움직이는 사람들이다. ‘51일 파업’과 장기 단식 농성, 서울 상경 투쟁, 고공 농성 등으로 세상에 많이 알려졌지만, 사실 거통고지회 조합원들은 훨씬 오랫동안 싸웠다. 지금도 보안 때문에 일반인은 접근조차 할 수 없는 조선소 안에서 그야말로 묵묵히 현장을 지키고 있다. 서울에서 고공 농성을 해도 지나가는 사람들이 쳐다볼까 말까 하는데, 매일 똑같은 사람들에게 똑같은 얘기를 하면서, 포기하지 않고.

"주위에서는 '네 일도 아닌데 되게 열심히 한다'고 말하기도 하는데, 저는 이게 제 일이라고 생각하기 때문에 조합원이 된 거였거든요. 거통고는 제가 곧 갈 수도 있는 현장이고(예은은 고공 농성이 끝난 뒤 거제로 내려갈 생각이라고 했다) 노조법 2조랑 3조 개정 사안이 크게 걸려 있는 곳이니까, 하청 노동자와 비정규직의 처우 개선 문제가 시작되는 기점일 수 있잖아요. 그런 면에서 이 투쟁이 남의 일이 될 수가 없는 거죠."

거통고지회 투쟁은 노동조합 및 노동관계조정법 2조와 3조를 개정하라고 요구하는 근거가 됐다. 원청 사업주에게 하청 노조가 제기하는 단체 교섭에 응할 의무를 지우는 한편 기업이 쟁의 행위 등 노조 활동에 관련해 무리한 손해 배상 소송을 남발하지 못하게 막아야 하기 때문이다. 2023년 11월과 2024년 8월에 개정안이 국회 본회의를 통과했지만, 윤석열이 재의 요구권(거부권)을 행사하면서 폐기됐다.

"요즘 청년들은 사회생활의 첫 시작이 다 비정규직 아니면 하청 노동자예요. 제가 가고 싶었던 연극이나 영화계도 다 하청 구조거든요. 내가 어떤 현장을 가도 만나게 될 문제에 맞서 싸우고 있는 곳이니까, 그런 면에서 저도 당사자성을 발견하는 것 같아요. 이건 다른 사람의 것이 아닌 바로 내 일이라고요.”

“배우란 타인의 삶을 대신 살아 주는 사람”

노조 조합원이 돼 조선소 노동자 투쟁에 망설이지 않고 뛰어들듯, 예은은 성소수자, 발달 장애인, 반도체 생산 노동자, 플랫폼 노동자 문제 등에도 거침없이 목소리를 냈다. 2025년 3월 13일 광화문에서 열린 ‘오픈마이크’에서 예은은 절규했다.

“우리는 대체 몇 명이 더 죽어야 말할 순서가 오는 겁니까? 언제가 돼야 나중이 아닌 지금 말할 수 있습니까? 살려 달라는 말이 어떻게 순서를 지켜 나올 수 있습니까?”

다른 사람 일에 어떻게 그토록 자기 일처럼 공감할 수 있을까. 예은은 ‘아마도 연기를 했기 때문인 것 같다’고 대답했다.

“제 생각에 배우란 타인의 삶을 대신 살아 주는 사람이거든요. 만약 그 사람의 상황에 내가 정말로 들어갔으면 어땠을지를 계속 생각해야 하는 일이죠. 어떤 사건이나 투쟁 현장을 접하게 되면 그 얘기를 들려주는 당사자들을 만나게 되잖아요. 그분들의 말을 들을 때, 저게 나의 일이었으면 어땠을까 하고 많이 생각하곤 해요.”

배우를 향한 꿈은 진지했다. 예은이 거통고 조합원으로 가입한 즈음에 전태일 열사 관련 연극에 합류할 기회가 있었다. 전태일 열사 관련 작품이고 출연료를 주는 흔치 않은 사례였지만, 고민 끝에 빠져나왔다. 얼마 뒤 고공 농성이 시작되기 때문이었다. 고공 농성을 하면 연극 연습에 집중하기 어려울 테고 관객한테 예의가 아니라고 생각했다. 배우를 준비하면서 품은 철학이나 원칙하고 맞지 않는 일이었다.

"어쩌면 저는 집회를 통해 매번 무대에 섰던 건지도 몰라요. 집회에서 하는 발언들이 다 일종의 독백 무대였다고 생각해요. 말이 있고 무대가 있고 관객이 있으면, 그것도 하나의 연극이 아닐까요."

배우 하고 싶거든 함부로 나서지 않는 게 좋다고 선배들은 충고했다. 목소리를 내다가 공격받거나 기회에서 배제된 이들이 많다고 했다. 한동안 고민했다. '나는 말을 하기 위해서 배우가 되고 싶은 건데, 정작 배우라서 말을 하지 못한다면 그 직업이 나한테 의미가 있을까.' 고민 끝에 예은은 연극 무대가 아니라 농성장을 선택했다. 언젠가 배우가 돼 노조원으로 활동한 경험을 당당하게 말할 수 있는 세상이 오기를 꿈꾸면서.

2025년 한국 사회를 살아가는 20대 청년으로서 현실적으로 고민하는 문제가 무엇인지, 당장 겪는 어려움이 있는지 궁금했다.

"사회는 진보했는데 왜 우리는 예전과 똑같은 구호를 외치고 있는가. 노동조합과 연대 시민의 연결이 지속되려면 어떤 투쟁이 전개되어야 할까. …… 보통 개인의 문제는 그냥 개인적으로 해결하려고들 하잖아요. 매일의 생존을 위해서는 돈이 필요하고, 취미나 진로 등 하고 싶은 게 있어도 돈이 필요하죠. 그걸 벌기 위해서는 알바를 해야 하고요. 그런 고민은 저도 다른 청년 세대랑 똑같아요. 그런데 그 모든 게 사실은 사회 구조적인 문제라는 걸 모를 수는 없잖아요. 학교에서 사회과학 수업을 들으면서, 사회 문제를 해결하기 위해 이렇게 운동을 하는 것도 충분히 의미 있는 선택이라는 생각이 들었어요."

고개가 끄덕여졌다. '그렇고 말고. 의미가 있지.'

"그리고 이제 더 이상은 개인의 노력만으로 잘살 수 있는 세상이 아니라는 것을 느끼게 되기도 했고요."

"용접을 배울까 생각하고 있어요"

2025년 6월 19일, 김형수 지회장은 지상으로 내려왔다. 97일간 이어진 고공 농성은 상여금 50퍼센트 인상과 조합원 취업을 방해하는 블랙리스트 작성 금지 등을 핵심으로 한 '2024년 임단협 교섭안'에 합의하면서 마무리됐다.

"하루도 빠짐없이 고공 농성장을 지켰던 '맘마', '레어' 등 우리 말벌 조합원 동지들, 정말 고맙습니다."

기자 회견을 하던 김 지회장이 눈물을 흘리자 '맘마'라고 이름이 불린 예은도 함께 울음을 터트렸다.

경주 에이펙 반대 투쟁에서 외신 기자를 만나 인터뷰하는 예은.

"김 지회장님이 병원에서 퇴원하시고 나면 앞으로 어떻게 할 거예요?"

"일단 학교를 졸업해야죠. 마지막 학기가 남았는데, 고공 농성장을 지키기 위해 휴학한 상태라서요. 졸업 이후에는 거제로 내려가려고 해요. 그곳에 가면 저도 먹고살아야 하니까 용접을 배울까 생각하고 있어요. 원래 몸 쓰는 일을 했으니까 그런 일이 그렇게 힘들지는 않을 것 같아요."

예은이 거통고지회 조합원으로 가입한 일은 그저 시민으로서 하는 연대가 아니었다. 예은은 말했다. 거제에서 싸우는 조합원 동지들이 현장을 지키는 덕분에 서울에서 싸울 수 있다고. 현장을 지키면서 끊임없이 노력하는 동지들이 거제에 있으니까 자기도 서울 농성장을 더 잘 지켜야겠다 싶고, 그런 사람들이랑 같이 싸울 수 있다는 게 참 좋다고.

"내가 속한 조합이 투쟁을 하고 있고 그 투쟁의 당사자로서 참여하고 있다, 딱 그 정도로 생각해요."

예은은 '사랑에 빠진 사람'이다. 가슴이 뛰는 곳을 향해 모든 것을 다 건 사람. 언젠가 나도 저런 적이 있었던가 하고 나 자신에게 질문하게 만드는 사람이었다. 그 설레는 사랑을 알아챈 많은 이들이 예은을 만나고 싶어했다. 기자, 다큐멘터리 감독, 정치인 등이 끊임없이 찾아왔다.

예은은 '말벌 시민'이다. 그냥 한 마리 말벌이 아니라 어쩌면 '말벌 시민'이라는 말을 처음 만든 당사자인지 모를 시민. 뭇 말벌 중에 유독 활동이 두드러져 눈에 띨 수밖에 없는 예은을 장혜영 전 의원은 '초대형 말벌'이라 불렀다. 남태령에서 시작한 인터뷰가 말벌 시민으로 이어진 일은 자연스러웠다. 남태령을 겪은 청년들이 말벌로 '진화'해 여러 투쟁에 연대하고 있기 때문이다.

광장에 처음 나서는 청년들에게 가장 큰 걸림돌은 두려움이었다. 대부분 집회나 시위를 경험한 적이 없어서 경찰 곤봉과 쇠파이프가 바람을 가르고 최루탄과 화염병이 날아다니는 장면을 상상했다. 지금은 시위 '만렙'이 된 예은도 마찬가지였다. 비상계엄 직후인 2024년 12월만 해도 예은은 처음 시위에 나오는 친구들에게 무조건 민주노총이나 금속노조 깃발 옆에 붙어 있으라고 충고했다. 광장이 위험할 테니 잘 싸우는 사람들 곁에 있어야 한다고 생각했다. 그러던 예은이 이곳저곳 연대 현장을 거쳐 학교를 휴학하고 고공 농성장을 지키더니, 이제는 거제 조선소로 내려가 노동자가 되겠다고 한다.

"2번 출구로 나가세요" – 광장에서 길을 안내하는 목소리

"울지 마, 고래고래."

나는 늦둥이 딸을 키운다. 다섯 살 때, 아이가 울고 있는 나에게 다가오더니 제가 가장 아끼는 분홍색 고래 인형을 내밀었다. 어린 딸은 고래 목소리를 빌려 엄마를 위로했다. 그때 운 이유는 이제 희미하지만 분홍 고래를 품에 안는 순간 내 안의 고통이 사그라지던 느낌은 뚜렷이 기억한다. 봄볕에 눈 녹듯 나를 괴롭히던 생각이 사라지고 무슨 일이든 해낼 수 있을 듯한 기분이 들었다. 대부분 20대 청년인 말벌들이 함께하겠다고 다가와 손을 내밀 때, 그런 모습을 보는 사람들 마음이 이렇지 않았을까.

예은은 엑스에서 처음 알았다. 올리는 사진마다 '민감한 콘텐츠'라며 다 블러 처리가 돼 있었다. 차단을 해제해서 보니 그다지 민감할 일도 없는 투쟁 사진이었다. 유난히 경찰이 주목한 것처럼 엑스 관리자가 볼 때도 눈에 띄었을까. 유별난 사랑은 어디서든 그렇게 모습을 드러냈다.

그러던 예은을 이제는 페이스북에서 보고 있다. 청년을 이해하려고 엑스에 가입한 나 같은 사람이 있는가 하면, 기성세대랑 소통하고 싶어서 페이스북에 가입한 광장의 청년들도 꽤 되는데, 그중 하나가 예은이었다. 엑스에는 투쟁 사업장 소식을 자주 올리더니 페이스북에는 생일날 받은 밥상이나 집에서 키우는 강아지 같은 일상 이야기가 많았다. 거통고지회 고공 농성이 끝난 뒤 예은은 몸이 좀 안 좋아졌고, 2학기에 학교에 복귀했고, 우체국 물류센터에서 택배 분류 아르바이트로 일하고 있다. 여전히 배우라는 꿈을 간직한 채 좋아하는 배우들 팬 미팅이나 영화 시사회도 찾아다닌다.

비상계엄 날 찍은 사진과 나중에 찍은 사진을 나란히 비교한 포스팅이 눈에 띄었다. 검정 미니스커트를 입은 키 크고 늘씬한 예은과 남색 금속노조 조끼를 입고 거통고지회 천막 농성장 앞에 선 예은. 계엄 당일 모델 아르바이트를 하고 프로필 사진을 찍은 뒤 일찍 잠들려던 예은은 '몰아친 파도에 몸을 던져' 다른 삶을 살게 됐다. 그렇지만 '뭔가에 진심을 다한다는 것은 그게 어떻든 아름다운 것'이고, 어떤 훈련보다도 강렬한 시간인 만큼 뜨겁게 보낸 2025년이 아깝지 않다고 했다.

가족이 바라보는 예은은 '이해 못 할 애'다. 금속노조를 좋아하게 된 계기를 더듬던 예은이 아빠가 금속노조를 싫어해서 좋아하게 된 것 같다고 말한 적이 있었다. 거통고지회 천막 농성장을 지킬 때는 경기도에 있는 집에 가지 않고 '비정규노동자의집 꿀잠'을 숙소 삼아 출퇴근했다. 혹시 자기가 꾸는 꿈 때문에 장녀의 몫을 다하지 못할까 걱정도 했고, 사랑한다는 명분이 폭력으로 바뀔 수 있는 가족이라는 관계를 고민하기도 했다.

부모와 자식 사이에 생각이 다르고 정치 성향이 부딪쳐서 갈등을 불러오는 사례는 너무도 흔하다. 나도 그랬다. 멀쩡하게 대학 나와 왜 거기서 그러고 있느냐며 부모는 고개를 내저었다. 노후는 어쩔 셈이냐며 아직 20대인 나를 닦달하기도 했고, 느닷없이 공무원 시험을 보라고 강권하기도 했다. 운동권 여자를 환영하는 남자(와 집안)는 세상에 없다면서 미래의 결혼 시장까지 이유로 들어 압박하기도 했다. 엠지세대에게는 결혼이 여러 선택지 중 하나일 뿐이지만 엑스 세대에게 결혼은 필수에 가까웠다. 겨우 20여 년 전 이야기다.

예은 덕분에 미처 생각하지 못한 의문을 떠올리게 됐다. 말벌 청년들이 가족에게 이해받을 가능성은 얼마나 될까? 나를 가장 사랑한다면서 사회에서 만난 친구들보다 나를 이해하지 못하는 사람들이 가족이다. 이 대목에서 나는 말벌 청년들에게 잠시 연대 의식을 느꼈다. 이미 성인이 된 자가 하는 선택은 전적으로 자기 몫이어야 한다. 사랑하는 가족이라도 그런 선택을 침범할 수는 없다. 내가 그랬듯이, 엠지 세대 말벌 청년들은 결국 자기가 선택한 삶을 살아갈 것이다.

거통고지회 조합원들에게 예은은 '뿅'이었다. 선전전에 쓸 파일을 녹음해 달라는 부탁을 받은 예은이 녹음 끝난 부분을 표시하려고 '뿅' 소리를 넣었는데, 거제에서 녹음 파일을 들은 조합원들 사이에 난리가 났다. 도대체 이 '뿅'이 누구냐고. 서울에 올라와 예은을 만난 조합원들이 너도나도 '뿅'이라고 해서 예은이 도리어 어리둥절해할 정도였다. 가족 얘기에 어둡던 예은이 이 말을 전할 때는 환하기 그지없었다.

'남태령 대첩'에 함께한 사람들이 바라보는 예은은 출구 안내를 한 사람이었다. 밤샘한 뒤 다음 날 새벽 전철을 타고 남태령에 도착한 사람들에게 타고난 목청으로 2번 출구로 나가라고 소리치던 사람. 남태령에 와 준 사람들이 혹시나 길을 잃을까 봐 몇 시간이고 지치지 않고 길 안내를 자처한 사람.

살다 보면 가족 못지않은 사랑과 이해를 세상의 다른 곳에서 찾을 수도 있다는 사실을 예은은 이제 알는지도 모른다. 새로운 길을 가려는 선택을 응원하고 싶지만, 그 길이 순탄하기만을 바라는 기대는 어쩌면 욕심일 테다. 예은이 혹시라도 힘들어질 때마다 이 기억들을 떠올리기를 나는 바랐다. 어떤 마음으로 그 순간에 임했는지를, 그때 곁에 있던 사람들이랑 무엇을 나눴는지를.

"일상과 사회운동의 경계를 허무는 정치를 하고 싶어요"

학교 밖 트랜스젠더 청소년 활동가 샤샤

샤샤 가정 폭력 생존자. 탈가정 청소년(이 아니게 된 지 네 달 지남). 성별 정정을 한 논바이너리 트랜스젠더. 몸도 아프고 정신도 아픔. 기후 변화로 멸종 위기에 놓인 종의 일원. 그래서 사회주의자(아마도)가 됨. 사람을 웃기지 못하면 슬픔. 전 여성가족부가 이상한 짓 하면 소리 지름. 그림 그리기를 좋아함.

청계천 주한 이스라엘 대사관 앞에서 팔레스타인에 연대하는 1인 시위에 나선 샤샤.

"저도 샤샤처럼 꽤 오랫동안, 끝이 보이지 않는 검고 차가운 망망대해를 혼자서 오직 뗏목 하나에 의지해 떠도는 기분으로 산 적이 있어요. 그런 기분 느껴 본 적 있으세요?"

"집 나와 고시원에서 살면서 월급의 대부분을 월세로 입금하러 갈 때, 그리고 입금하고 나서 통장을 볼 때 그런 기분이었던 것 같아요."

샤샤를 만나 이야기한 시간은 대체로 차분했고, 이따금 조심스러웠다. 아직 스물 몇밖에 안 된 사람이, 그 짧은 삶에서 겪은 일들이 너무 많기 때문이었다. 청계천 물줄기가 시원스레 흐르는 주한 이스라엘 대사관 앞, 팔레스타인에 연대하는 1인 시위에 나선 샤샤는 이따금 피켓을 눈여겨보는 행인에게 손을 흔들었다. 외국인이면 '프리 팔레스타인!'이라고 외치기도 했다. 씩씩했다. 그 씩씩함 뒤에 참 많은 이야기가 있었다.

샤샤는 학교 밖 청소년, 탈가정 청소년, 논바이너리 트랜스젠더 청소년으로 자기를 정의한다. 만 24세까지 청소년으로 보는 청소년기본법에 따르면 후기 청소년에 해당하는 20대 청소년 활동가이기도 하다. 만 19세가 된 새해 첫날 집을 나올 때 입은 옷과 멘 검정 백팩을 여전히 입고 메고서, 서울시교육청 앞 'A학교 공대위' 집회, 고공 농성 공동 투쟁 목요일 문화제, 마트산업노동조합 홈플러스지부 시위, '미아리 텍사스 불법 대출 피해 재판 방청연대' 등으로 발걸음을 옮긴다. 올해 스승의 날을 하루 앞둔 날에는 10년 동안 기른 긴 머리를 싹둑 잘랐다. 서울시교육청 앞에서 학내 성폭력 문제 해결과 복직을 요구하며 삭발한 지혜복 교사에 연대하는 행동이었다.

"만 19세가 되는 1월 1일에 집을 나왔습니다"

"지금까지 제 삶을 돌아보면, 청소년 문제에 가장 관심을 갖고 싸워 온 일종의 청소년 활동가였다고 할 수 있을 것 같아요. 중학교에 들어가면서 교복을 입고 규칙에 맞춰 외형을 재단당하면서, 그리고 트랜스젠더 성소수자 청소년으로서 여러 가지 부당함을 겪으면서, 자연스레 거기에 맞서 싸우게 되었어요."

중학교 2학년 때, 학교를 돌아다니며 이른바 순찰을 하던 교장을 마주친 날을 샤샤는 인상 깊게 기억한다. 샤샤와 친구들에게 다가온 교장은 고압적인 자세로 아무 말 없이 손만 내밀었다. 친구들은 규칙을 위반하고 카드 게임을 하는 중이었다. 한 친구가 손에 들고 있던 카드를 어쩔 수 없이 건넸는데, 샤샤는 그런 상황을 그냥 넘길 수 없었다.

규칙이 있는 이유는 재발 방지이고 훈육이란 과정이 교육적이어야 하는데 이런 방식은 당장 행동을 제지하는 효과만 있을 뿐 전혀 교육적이지 않다고 생각했다. 샤샤가 의견을 말해도 교장은 무시하다시피 귀담아듣지 않고 교장실로 들어갔다. 샤샤는 그대로 교장실 앞에 주저앉았다. 점심시간이 끝나 밖으로 나오려던 교장은 문 앞에 있는 샤샤 때문에 오도 가도 못하는 처지가 됐다. 샤샤는 뜻도 잘 모르던 '1인 시위'와 '점거 농성'을 그때 이미 하고 있었다.

"결국 교장이 저희 담임을 불렀고, 저는 담임에게 제가 한 행동과 그 이유를 말씀드렸어요. 교장의 태도가 부적절하다고 느꼈고, 그에 대해 답변을 요구했는데 답을 제대로 하지 않으셨다. 그래서 나는 답변을 기다리고 있다고요. 선생님이 그래도 수업은 들어야지 하며 저를 회유하셔서 5교시가 끝나고 교실로 돌아갔어요. 그 뒤로 교장 선생님을 볼 때마다 눈을 마주치고 고개를 돌리지 않았어요. 항상 교장 선생님이 먼저 눈을 피하셨죠."

트랜스젠더로서 학교에서 겪은 일들은 더 심각했다. 중학교 수학여행 때였다. 같은 반 아이들이 잠든 샤샤의 몸 위에 여성 속옷을 올려놓은 채 성행위를 하는 모습을 흉내 내는 장면을 영상으로 찍어 에스엔에스에 올렸다. 교사도 학교도 그런 짓을 성폭력이라고 인정하지 않았다. '네가 그러고 다니니까 그런 일이 생긴 것'이라는 말도 들었다. 자기들이 볼 때 샤샤는 생물학적으로 '남자'였으므로.

고등학교 때 받은 '동성 간 성폭력에 관한 교육'은 온통 남성 간 성교가 에이즈를 유발하고 동성애자들이 에이즈를 퍼트린다는 이야기뿐이었다. 교장에게 항의해도 냉담한 무시만 돌아왔다. 결국 2학년을 한 달쯤 다니고 고등학교를 그

만뒀다. 책을 두세 줄 이상 읽을 수 없었고, 밖에 나갈 때는 이어폰으로 음악을 아주 크게 듣지 않으면 제정신으로 견딜 수 없을 만큼 공황 장애와 우울증이 심각했다.

"2017년쯤에 남녀 분반이 시작됐고, 저는 남자반에 들어갔어요. 그때도 머리가 길었고 외모도 지금과 별로 다르지 않았는데, 주변 친구들의 괴롭힘 때문에 스트레스를 받아서 휙휙 기절을 했어요. 병원에 가서 뇌 검사도 해 봤는데, 아무 문제가 없대요. 그러면 보통 스트레스성 증상이래요. 1학년 때는 담임 선생님이 좋은 분이어서 괜찮았는데, 2학년 신학기 시작하고 얼마 못 버틴 거죠."

1학년 때 담임은 젊은 신입 교사였는데, 그 반 삼십 명 중에 열서너 명이 자퇴했다. 교사 잘못이 아니라 그럴 만한 애들을 그 반으로 다 몰아넣은 탓이었다. 학교 현장이 학생들한테 부당할 때도 있지만 약한 교사한테 부당한 사례도 적지 않다고 샤샤는 말했다. 책을 읽고 싶어서 독서토론반에 가입한 샤샤는 갓 부임한 국어 선생님에게 '양아치'만 잔뜩 떠맡긴 모습을 보고 분노하기도 했다. 다른 교사들은 '정상' 아이들을 모아 볼링이나 배드민턴, 영화 동아리를 꾸렸다.

샤샤는 청소년 단체에 가입하지 않고 그때그때 혼자서 '활동'했다. 심각한 가정 폭력에 시달리고 핸드폰이나 인터넷을 사용하기 어려워 외부 활동을 할 수 없었다. 바지 교복과 치마 교복을 모두 입고서 등교했고, 두발 규정을 안 지켰고, 수업 중 교사가 부적절한 발언을 하면 곧바로 항의했다.

"2019년 1월 1일에 집을 나왔습니다. 2019년이 딱 만 19세가 되는 해인데, 만 19세가 되는 1월 1일부터는 청소년 가출이 아니라 성인 가출이 돼요. 청소년 가출은 가출했다는 사실만으로 무조건 추적이 가능한데, 성인 가출은 불법적인 일에 연루된 정황이 없으면 추적하지 않거든요. 가족이 나를 찾을 수 없도록 등본 열람 제한도 걸어 놨어요. 앞으로도 되도록 가족과 연락하지 않을 예정이고요."

"일상과 사회운동의 경계를 허무는 정치를 하고 싶어요"

엄마는 처녀 귀신이 들린 탓이라며 굿을 하려 했다. 초등학교나 중학교 때는 교문 닫는 시간까지 운동장 벤치에 앉아 있었다. 늦은 저녁 집에 들어가 운 좋으면 가족을 마주치지 않고 혼자 저녁밥을 먹을 수 있었다. 우울 장애, 불안 장애, 불면증, 주의력 결핍 장애 등을 앓았다. 집을 나온 뒤에 스스로 정신건강의학과를 찾아가 비로소 치료를 시작했다.

병원 치료는 오래 생각한 일이다. 트랜스젠더는 'F64', 곧 '성전환증'이라 불리는 질병 분류 기호를 필수적으로 받아야 한다고 샤샤는 설명했다. 그 진단을 받아야 호르몬 치료 등 다음 단계로 나갈 수 있기 때문이다. 성소수자 친화적인 살림의원을 꾸준히 다니면서 정신 질환을 치료하면서 호르몬 치료도 함께 받았고, 성별 정정 소송도 진행했다.

　"집을 나와 처음에는 친구 집에서 살았는데, 얼마 뒤 친구에게 집을 비워야 할 사정이 생겼어요. 그래서 저는 청소년 쉼터에 가려고 서울에 있는 모든 혼성 쉼터에 전화를 해 봤죠. 딱 한 군데서만 일단 와 보라는 답이 오더군요. 그곳은 낮에 남녀 쉼터를 모두 운영하고 밤에는 여성 청소년 쉼터만 운영하는 곳이었는데, 일단 그날 밤에 비어 있는 남성 청소년 쉼터를 쓰고 다음 날 아침에는 나가라는 거였어요. 다음 날 고시원과 일자리를 구하고 나와서, 숙식과 검정고시 등에 대해서 도움을 받으려고 학교밖청소년지원센터를 찾아갔죠."

　지금은 한국토지주택공사[LH] 전세 대출을 받아서 살고 있고 정신과도 꾸준히 다니며 치료 중이다. 작년부터는 이어폰으로 크게 음악을 듣지 않아도 밖에 다닐 수 있게 됐고, 사람들이랑 오래 대화해도 괜찮아졌다. 여기에서 조금 더 회복되면 다시 활동할 수 있겠다는 생각이 들었다. 그래서 작년 한 해는 글 읽는 연습이나 사람 만나 대화하고 소통하는 연습을 하는 데 보냈다. 수능 공부도 시작했다.

　12월이 다가오자 샤샤는 이제 활동을 시작해 봐도 되겠다고 생각했다. 팔레스타인 해방 운동에 관심이 많은 친구하고 함께 연대 시위 등에 나가려고 준비하던 중, 공교롭게도 내란 사태가 터졌다. 그러니까 마침 나오려던 참에 때맞춰 광장에 나오게 됐다. 그 뒤 주요 집회에 참석하는 한편 여러 투쟁 사업장에 연대하고 발언하면서 말벌 시민으로 활동했다.

　"얼마 전 윤석열이 재구속되기 전까지는 '윤석열 체포

투쟁과 한국사회의 대안 청년·학생 실천단'의 일원으로 서울중앙지법 앞에서 윤석열 체포 1인 시위를 열심히 했어요. 저는 지난 2월 28일에 서울시교육청 앞에서 단지 지혜복 선생님 복직 시위를 했다는 이유로 연행돼서 유치장에 갇혔었는데, 내란 수괴 윤석열은 자유롭게 지낸다는 사실이 너무 부당하게 느껴졌거든요.”

몸이 회복되면서 한 청소년문화정보센터에서 인턴 일도 하고 있다. 아동과 청소년이 재활용품 등으로 창작 활동을 하는 과정을 보조하고 지도한다. 서울시 학교밖청소년지원센터 꿈드림에서 청소년 자치운영위원회 활동도 했다. 여성가족부에 내는 정책 제안서를 직접 맡아서 진행했고, 청계천광장에서 부스를 열어 학교 밖 청소년 인식 개선 캠페인도 벌였다. 자기가 지금까지 받은 만큼 다음 세대 학교 밖 청소년들에게 도움이 되는 경험을 나누고 싶었다.

광장에서 활동하던 샤샤는 ‘청년 사회주의자 모임’을 알게 됐다. 그곳에서 사회주의와 자본주의, 노동운동 관련 강좌를 틈틈이 들었다. 스스로 사회운동에 뛰어들기보다는 일상과 사회운동의 경계를 허무는 가장 일상적인 정치를 하고 싶었다.

“지금 일하는 센터 벽에 ‘십대 여성 쉼터 폐지 반대’ 포스터를 붙여도 되냐고 하니까 왜 이렇게 작은 걸 붙이냐며 더 크게 인쇄해 주셨을 때 눈물이 났어요. 지난겨울 동안은 센터의 청소년들이 광장의 집회에 나간 부모님을 기다리며 센터가 닫는 시간을 물어볼 때도 있었고요. 그래서인지 아이들에게 서울시교육청에서 연행돼서 유치장에 갇혔던 일이나 금속노조 거통고지회에서 '연대투쟁호'를 만든 얘기를 들려주면 낯설어하지 않아요. 그때 생각했죠. 아, 나는 이런 일을 하고 싶구나."

윤석열 퇴진 광장에서 샤샤는 '혼자가 아니라는 느낌'이 가장 인상 깊었다. 박근혜 퇴진 투쟁 때 페미니스트에게 야유가 쏟아지거나 노조 깃발이 곱지 않은 시선을 받는 모습을 보면서 우리는 다 별개의 개인이고 외롭다는 생각이 들었는데, 이번에는 나랑 같은 문제를 공유하지 않아도 나를 만나고 알게 된 사람들은 다 같은 편이라는 생각이 들었다. 이렇게 달라진 이유가 뭘까.

그동안 구조적 차별에 시달리고 부당한 현실을 겪으면서도 어떻게 해야 하는지 모르던 사람들이 내란 광장을 거치면서 노동조합 등 사회운동을 만나 행동하는 방법을 알게 된 덕분이 아닐까 하고 샤샤는 답했다. 그 사람들은 계속 소수자의 목소리를 내 온 페미니스트와 성소수자였고, 내란 광장의 주역이기도 했다.

"기존의 노동운동, 장애인 운동, 농민운동 등 각자의 사회운동과 여성 페미니스트들, 소수자들이 연결되고 만났다는 것. 그게 이번 광장의 힘을 만들어 냈고 또 광장의 성과로 계속 이어지고 있다고 보면 맞을 것 같아요."

"지붕과 옷과 음식"

정작 이런 놀라운 성과가 기성 정치에 제대로 반영되지 않는다며 샤샤는 분노했다. 분노는 새 정부가 김민석을 첫 국무총리로 임명하면서 시작됐다. 성폭력 피해자에게 2차 가해를 한 김민웅 목사의 동생이자 동성애를 반대하고 차별금지법 반대 시위에 나선 당사자이기 때문이다. 내란 사태 내내 윤석열을 옹호한 안창호가 위원장으로 버티고 있는 국가인권위원회는 2017년 이후 처음으로 2024년 퀴어퍼레이드에 참가하지 않았다. 2024년 5월에 신청 서류를 낸 변희수재단은 인권위가 계속 심의를 보류하면서 아직 설립도 못 하고 있다. 샤샤는 묻는다. 이런 기성 정치가 과연 내란을 제대로 청산할 수 있을까. 기성 정치를, 아니 시스템 자체를 청산해야 하지 않을까.

"당장 윤석열 정부 이후 여성가족부가 약화된 것에 저는 직격탄을 맞았어요. 제도 밖에 있는 사람들과 약자들에 대한 지원이 갑자기 크게 줄었고, 그건 학교밖청소년지원센터도 마찬가지였거든요. 센터에 가서 작년에 했던 지원을 올해는 왜 안 하느냐고 물어보면, 지금은 센터가 폐지되지 않은 것에 감사해야 한다고 실무자들이 자조 섞인 농담을 할 정도였죠."

한 걸음 더 나아가 샤샤가 가장 하고 싶은 말은 '단기적으로 제도 밖 청소년들의 생존, 장기적으로는 자본주의의 붕괴'였다.

"보호자가 없는 청소년들이 가장 필요로 하는 것은 지붕과 옷과 음식이에요. 현재 한국에서는 이를 '쉼터'라는 일원적인 복지 정책으로 해결하고 있죠. 그런데 다양한 이유로 쉼터를 이용하지 못하는 청소년들이 있어요. 남성 또는 여성에 해당하지 않거나, 쉼터에서 바라는 만큼 모범적인 사람이 아니거나, 채식 등의 이유로 쉼터에서 제공하는 지원에 타협하지 못하거나. 이런 청소년은 길바닥, 혹독한 노동 환경, 죽음 중 하나를 선택해야 해요. 이 상황이 어떻게든 개선되었으면 좋겠어요. 제도 밖 청소년이 보호자나 지원 제도가 없어도 살아 있을 수 있도록."

샤샤는 한참 전부터 자본주의의 지속 불가능성을 느꼈다. 능력이 되지 않는데도 어릴 때부터 돈을 벌어야 하던, 제대로 일할 수 없는 정신 건강 상태에서 고강도 노동을 하다가 관절을 심하게 다치고 극심한 두통 탓에 계속 주사를 맞아야 하는 자기 자신이 살아 있는 증거다. 말하자면 샤샤는 자본주의 사회에서 경제적으로 '1인분'을 할 수 없는 사람이다. 그래서 모든 사람에게 똑같이 '1인분'을 하라고 요구하면 안 된다고 생각한다. 최소한의 시작은 바로 자본주의의 붕괴다.

"집을 나와 보니 알게 되었죠. 사람답게 사는 건 두 번째고, 그저 살아남기 위해서 개인이 해야 하는 노력이 너무 많다는 것을요. 집도, 밥도, 일자리도, 정신 질환 치료도, 나에게 필요한 것은 모두 혼자서 찾아봐야 했어요. 그저 지붕 있는 집에 몸을 눕히고 매일 끼니를 굶지 않고 옷을 입기 위해서, 이 모든 걸 해내야만 최소한의 생존을 할 수 있다는 사실이 너무 힘들었어요.”

“자본주의라는 것 자체가 가장 큰 문제예요”

이 막막한 세상에서 혈혈단신으로 배낭 하나 멘 채 병원을 찾아가고 일자리를 구할 때마다 샤샤는 기분이 어땠을까. 미약한 말 한마디가 대체 무슨 소용이 있을까. 그런데도 나도 모르게 입 밖으로 새어 나오는 이 말을 내뱉지 않을 수 없었다.

“샤샤, 정말 대단해요. 혼자서 지금까지 참 잘해 왔어요.”

잠깐, 샤샤의 눈에 눈물이 비쳤다.

“다른 분들도 그런 말씀을 해 주시더라고요. 저도 그렇게 생각해요. 그런데 저는 그게 너무 힘들어요. ‘그럼 나 같은 상황에 처한 사람은 그렇게 대단하지 않으면 살아남지도 못하는 거야?’ 저는 몸과 마음의 상태 때문에 풀타임 잡은 하기 어렵고, 아마 앞으로도 그럴 것 같아요. 저처럼 다양한 이유로 다양한 상황에 처한 소수자들이 있을 텐데 그걸 개인의 노력으로 떠넘기는 사회가, 그럴 수밖에 없도록 만드는 자본주의라는 것 자체가 가장 큰 문제인 것 같아요.”

요즘 샤샤는 에스엔에스로 도움을 요청하는 탈가정 청소년에게 필요한 정보를 알려 주는 상담사를 자처하고 있다.

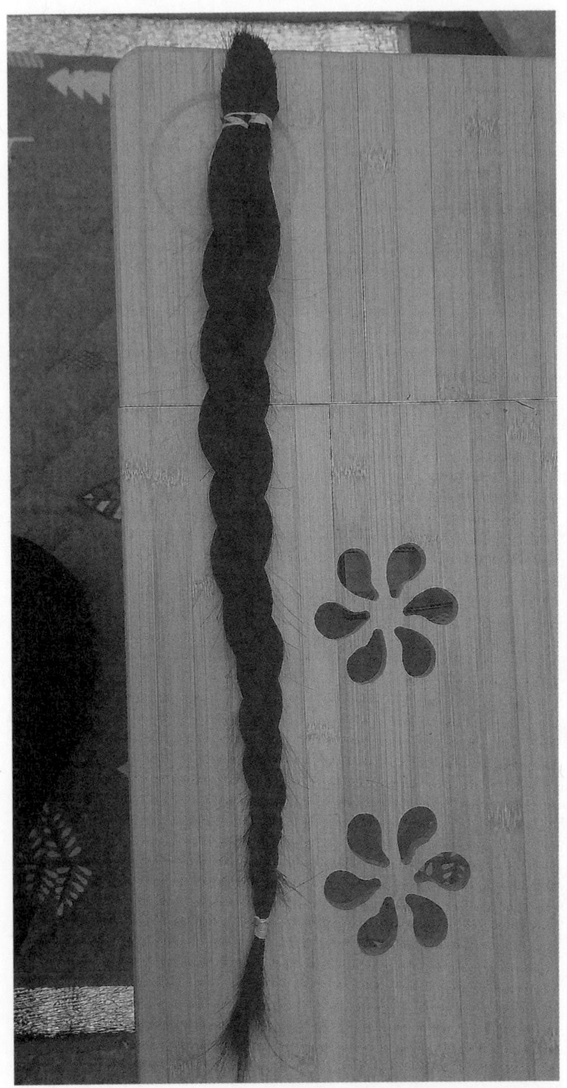

2025년 5월 14일 서울시교육청 앞에서 지혜복 선생님에게 연대해 삭발한 샤샤의 머리카락.

국가나 공공 기관에서 어떤 지원을 받을 수 있는지, 구체적인 지원 내용은 어디에서 알려 주는지, 만약 가족이랑 법적 다툼을 해야 할 일이 생기면 무슨 절차가 필요한지 등. 일생 살아 온 짐을 배낭 하나에 쑤셔 넣고 집 나오는 심정을 어떤 사람보다 잘 아니까. 자칫하면 죽음을 생각한 때가, 사실은 거의 매일 그러던 때가 샤샤도 있으니까.

이제 막 탈가정을 감행한 청소년은 당장 살기 위해 돈을 벌어야 하고, 오직 돈으로 능력이 매겨지는 세상을 마주해야 한다. 중졸 학력에 나이 어린 사람이, 성소수자에 여러 정신 장애까지 안은 샤샤가 생존만을 목표로 헤쳐 온 세상은 얼마나 냉혹했을까. '타인의 고통'이란 똑같은 처지가 되지 않고서는 결코 함부로 말할 수 없을 테지만, 그래도 조심스레 생각해 본다. 사실은 자본주의 세상을 살아가는 모든 사람이 별로 다르지 않다고. 지붕과 옷과 음식을 마련하기 위해 다들 날마다 생존을 건 전장에서 피 흘려 싸우고 있다고.

"사회주의를 보통 급진적인 것으로 여기잖아요. 하지만 저는 그게 출발선이라고 생각해요. 적어도 자본주의의 철폐가, 돈이 모든 것의 기준이 되지 않는 세상이요. 그 뒤에 사람은 어떻게 살 것인가를 논할 수 있다고 생각해요. 너무 꿈 같은 이야기 아니냐고요? 아니죠, 고작 출발이라니까요. 저도 제가 원하는 세상이 어떤 모습일지 잘 모르겠어요. 아직 출발도 안 해 봤으니까요. 저는 적어도 그 출발선을 만들고 싶어요."

"혼자서 탄생한 사회운동가네요"

내가 만난 여덟 명 중에 미리 보낸 질문지에 답을 다 적어서 들고 온 사람은 샤샤뿐이었다. 내가 지금까지 인터뷰 때문에 만난 많은 사람 중 거의 유일한 사례였다. 에스엔에스 디엠Direct Message·DM으로 뭘 물으면 곧바로 상세한 설명에 더해 따로 부탁하지 않은 사진도 여러 장 보냈다. 가수 박진영이 연습생 시절에 비가 보여 준 성실성을 이야기하면서 세탁소나 빵집을 해도 성공할 사람이라고 치켜세운 일이 떠올랐다. 탈가정 뒤 모든 일을 혼자서 꽤 잘해 온 샤샤에게는 이런 밑바탕이 자리하고 있었다.

어릴 때도 혼자서 뭐든 잘해서 그런지 샤샤가 사회 문제에 관심을 기울이게 되는 데 가정이나 학교는 거의 영향을 미치지 않았다. 중학교 때 한 선생님이 당연한 것에 질문을 계속하라고 이야기한 적이 있는데, 그 말을 듣고 나니 시키는 대로 교복을 입고, 규정대로 머리를 자르고, 부당하게 느껴지는 말을 참고 견디는 삶에 의문이 생기기 시작했단다. 나중에 생각하니 그런 의도가 담긴 말은 아니었지만.

탄핵 광장이 끝나고 1년, 샤샤는 새로운 일도 하고 있단다. 다음세대재단 '인권운동 및 활동 지원사업'에 선정돼 차별금지법 관련 보드게임을 제작하는 데 함께하고 있다. 청소년문화정보센터 인턴은 지난여름에 생일이 지나면서 종료됐다. 만 24세가 되면서 이제 완전히 성인이 된 때문이다.

다른 말벌 시민들처럼 샤샤도 엑스에 올라온 정보를 보고 이곳저곳 집회와 연대 사업장을 찾아다닌다. 아무래도 친구나 아는 사람이 있는 곳에 더 가게 되지 않느냐고 물으니 가기 전에 미리 연락하지는 않는단다. 그저 혼자 가서 아는 사람을 만나기는 하지만.

"혼자서 탄생한 사회운동가네요."

나도 모르게 튀어나온 말이었다. 20대 초반의 나는 과 학생회, 단과대 학생회, 총학생회에 둘러싸여 살았다. 동아리를 주로 가는 대학생에게는 동아리연합회가 있었다. 신입생은 입학하자마자 과마다 있는 여러 학회 중 하나에 가입하라고 권유받았다. 나 같은 지방 출신은 잘 모르는 이야기이지만 서울을 비롯한 몇몇 대도시에서는 1980년대 후반부터 1990년대 중반까지 고등학생 운동, 곧 '고운'도 꽤 활발했다. 그러니까 우리 세대에게 사회운동이란 조직 단위여야 했다. 소속 없는 '운동'이란 불가능했다.

가장 개인적인 삶을 솔직하게 풀어 놓는 대화를 나누다 보니 나도 자꾸만 기사에는 쓰지 못한 내 이야기를 하게 됐다. 샤샤만큼은 아니지만 나도 성장기가 평탄하지만은 않았다. 샤샤가 지원을 받으려 여기저기 알아보러 다닌 이야기를 할 때, 나는 임신과 출산 때 국가와 지자체가 주는 지원금을 당사자가 직접 신청해야 한다는 사실을 알고 당황한 경험을 들려줬다.

예전에 하던 인터뷰는 이런 식이 아니었다. 정해진 시간

언제나 메고 다니는 백팩에 직접 제작한 화이트보드를 꽂아 넣고 어느 시위 현장에 선 샤샤.
일인 기수들의 깃발을 대신한 화이트보드는 매번 내용이 바뀐다.

안에 필요한 답을 들어야 했다. 노트북을 들고 마주 앉아 인터뷰이가 하는 말을 바로 입력했다. 음성을 텍스트로 자동으로 변환하는 애플리케이션도 없어서 녹취를 푸는 데만 하세월이었다. 매일 기사를 써야 하는 기자 시절에는 그런 식으로 도저히 일을 감당할 수 없었다. 사람이 하는 말을 즉석에서 대충이라도 기록해야 하니까 서로 눈을 마주치거나 이야기를 주의 깊게 들을 수 없었다. 필요한 질문을 던지고 필요한 답을 들은 다음 악수하고 일어섰다.

광장의 청년들을 만나면서 나도 조금은 변한 걸까. 이제는 노트북을 덮고 휴대폰 녹음 앱을 켠 다음 내 앞에 있는 사람에게 눈을 맞춘다. 인터뷰가 상대에게도 나에게도 그저 일이 아니라 사람과 사람이 만나는 순간이 되기를 바라게 됐다.

그렇게 얘기를 나누다 보니 샤샤라는 '사람'이 눈에 들어왔다. 보통 사람들하고는 아주 다른 조건에서 시작한 인생이지만 그런 삶을 지키려 성실하게 최선을 다하는 사람. 한때는 살아 있을 이유를 찾느라 애쓴 사람. 탈학교와 탈가정을 거쳐 이제 혼자가 됐지만, 사실은 오래전부터 샤샤는 계속 혼자인지도 모르겠다. 사람들 사이에 함께 있다고 해서 외롭지 않은 것은 아니다. 그런 마음을 나도 조금은 안다.

2025년 11월 22일, 이태원 녹사평역 광장에서 열린 '제8회 2025 트랜스젠더 추모의 날' 집회에서 샤샤는 사람들에게 법적 성별 정정을 마친 사실을 알렸다.

"내가 나로 있을 수 있는 사회를 못 가진 사람이 당신 말

주　　문

1. 제1심결정을 취소한다.

2. 사건본인의 가족관계등록부 중 성별란을 ■■에서 ■로 정정하는 것을 허가한다.

신청취지 및 항고 취지

주문과 같다.

법원에서 받은 성별 정정 결정문.

고도 한 명 더 있다고 전하는 것이 의미 있다고 생각해 나왔습니다.”

샤샤는 이제 ‘행복해지기 위한 삶’을 내려놓았다. 삶에서 굳이 보람을 찾겠다, 행복을 찾아야 한다는 강박을 내려놓으니까 좀 살 만해지더라고 했다. 그래도 나는 샤샤가 행복해지기를 조심스레 바란다. 별다르게 특별하지 않아도 매 순간 누리는 아주 작은 일에 기뻐하게 되기를. 뭇사람이 우러러보는 큰일을 성취하는 순간보다 소소한 일상에서 작게 평화로워지기를.

"나 같은 사람이 없는 세상을 만들고 싶다"

'부산 남태령'을 함께 만든 사회자 이지희

이지희 새 세상을 향한 열망을 광장에서 우리 동네까지. 광장에서 마이크를 잡던 때 저는 두려움보다 책임을 선택했고, 그 용기를 들고 일상으로 돌아왔습니다. 그렇게 저는 오늘, 우리 동네 금정에서 주민과 청년의 삶을 바꾸는 이지희로 서 있습니다.

"역사의 한 페이지에 민주 수호 네 글자를 새겼다는 자부심, 이제는 내란 청산, 사회 대개혁 아홉 글자를 가슴에 새기고 더 큰 광장에서 뜨겁게 만납시다. 빛나는 불빛을 들고 우리가 그토록 열망했던 새 세상을 꿈꾸며 〈다만세〉 함께 부르면서 오늘 승리의 밤 마무리하겠습니다. 민주 시민이 승리했다! 몇 달 동안 함께 광장을 지켜 주신 부산 시민 여러분께 존경의 인사를 드립니다!"

2025년 4월 4일, 헌법재판소가 윤석열을 파면한 날 열린 '부산시민 축하대회'에서 무대 위 사회자가 한 말이다. 지난 겨울 부산에서 열린 광장을 찍은 영상에도 등장하는 20대 사회자다. 입을 열 때마다 하얀 입김이 서리는 추위 속에서도 목소리는 떨리지 않고 눈빛은 한 치의 흔들림도 없었다. 나이는 문제가 아니었다. 무대를 완벽히 장악한 명실공히 메인 사회자였다.

탄핵 광장에 참여한 지역 청년들 이야기를 듣고 싶었다. 광장은 전국 방방곡곡에서 열렸는데, 서울 이야기만 하려니 퍽 아쉬웠다. 부산 청년 이지희를 만나 보라는 이야기가 들렸다. 부산에서 광장에 나온 사람이라면 모를 리가 없는 사람이라 했다. 2024년 12월 초부터 이듬해 4월 파면 선고일까지 내내 부산 집회를 이끈 메인 사회자였고, 사회도 잘 봐서 다들 좋아했단다. 게다가 20대 중반 나이에 청년 단체 대표를 맡아 활동하고 있단다.

지희는 집회 사회자로 매일 무대에 서던 겨울보다 요즘

2024년 12월 28일 부산 윤석열 퇴진 집회에서 사회를 본 지희.

이 더 바빠 보였다. 주말에도 지역 단체 회원들하고 함께 봉사 활동을 펼쳤고, 인터뷰를 한 날에도 직전까지 상가를 돌며 홍보 인사를 했다. 청년 단체 '청년, 오늘'의 대표인 지희는 지역 시민단체들이랑 함께 구청과 구의회 등에 주민이 직접 정책을 제안하는 '금정주민대회'를 준비하는 중이었다. 진보당 부산시당 청년위원장이자 금정구 지역위원회 공동위원장도 맡고 있었다.

"윤석열, 마! 끄지라!"

"저는 박근혜 퇴진 집회 때는 청소년이었으니까, 이런 큰 광장에 참여한 건 사실 처음이에요. 집회 사회를 본 것도 당연히 처음이고요. 제 인생의 큰 영광이었죠. 제가 무대에 올라서가 아니라, 집회에 나온 부산 시민들이 더 빛나도록 도울 수 있었다는 것, 그 집회를 함께 만들어 가는 데 힘을 보탤 기회를 얻었다는 것이 영광이었던 거죠. 시민들과 어떻게 하면 더 잘 소통할 수 있을까, 무대에 설 때마다 그걸 생각했어요."

처음 무대에 오른 날을 지희는 기억한다. 서툴고 떨리는 와중에도 집회가 끝날 때까지 맨 앞자리를 지킨 청년과 청소년들이 눈에 들어왔다. 자기가 해야 할 일이 무엇인지 깨닫는 순간이었다. 그런 이들하고 눈빛을 맞추고, 그런 이들이 목소리를 잘 낼 수 있게 돕고 싶었다. 사회 보는 일은 곧 익

숙해졌다. 시민들은 순수한 진심과 열정을 갖춘 20대 사회
자를 열렬히 환영했다. 가끔 지희가 무대에 서지 않는 날에
는 아쉬워했고, 큰 집회 때는 장미꽃이나 장갑을 건네기도
했다.

'부산의 광화문 광장'인 서면과 전포대로에서 열린 윤석
열 퇴진 집회도 규모만 다를 뿐 서울하고 별다르지 않은 분
위기로 진행됐다. 평일은 2000명, 주말은 5만 명에서 7만 명
이 8차선 전포대로를 가득 메웠다. 응원봉과 깃발 부대가 광
장을 채우고 청년 여성과 성소수자가 전면에 등장한 모습도
다르지 않았다. 서울처럼 부산도 12월 초에 평등 수칙을 발
표해 광장의 질서를 유지하는 기준으로 삼았는데, 상대적으
로 규모가 작은 부산에서는 서울처럼 집회 때마다 평등 수칙
을 읽지는 않았다.

"부산도 광장으로 나온 청년들을 적극 포용해 그들의
목소리와 요구를 담아 내려는 노력을 많이 했어요. 저 같은
청년 사회자를 내세운 것도 그중 하나고요. 12월 중순부터
'2030 집회기획단'을 모집해서 1월부터는 이 청년들이 직접
집회를 기획하고 진행도 했어요. 집회에서 쓰면 좋겠다 싶은
노래 구호나 퍼포먼스를 짜기도 하고, 만장을 들면 좋겠다는
의견이 나오면 만장을 같이 만들기도 하고요. 집회가 어땠는
지 평가하고 무엇을 더 하면 좋을지 계속 회의하고 아이디어
를 모았죠."

2030 집회기획단은 지희가 제안부터 모집, 활동까지 도

맡은 프로젝트였다. 활동은 아주 성공적이었다. '서면 플레이리스트'는 언론에 보도될 정도로 인기를 끌고 집회 분위기를 활기차게 이끄는 데 큰 구실을 했다. 서울 집회도 케이 팝을 주로 틀어 새로운 분위기를 만들었지만, 서면 플레이리스트는 신청곡 위주라 유독 사랑받았다.

신청곡에는 케이 팝도 있고 민중가요도 있었다. 노래를 틀 때는 2030 집회기획단이 짠 구호를 추가했고, 청중은 뜨겁게 화답했다. 분위기가 달아오르지 않을 수 없었다. 노래나 구호에는 당연히 청년 취향이 반영될 수밖에 없었지만, 이른바 '민주화 운동 세대'도 알아듣든 못 알아듣든 그저 함박웃음을 지었다. 사람들은 특히 걸쭉한 부산 사투리가 제대로 들어간 구호에 환호했다.

"윤석열, 마! 끄지라!"

"혼자서 할 수 있는 건 별로 없죠"

지희는 아이돌 덕질을 하거나 광장에서 응원봉을 든 적도 없다고 했다. 광장에서 청년 세대 사이에 주요 소통 창구로 떠오른 엑스도 하지 않았다. 이렇게 대답하는 지희는 무슨 뜻인지 안다는 듯 멋쩍게 웃었다.

"저는 그러니까 단체 사람, 처음부터 조직에 속해 있던 사람이죠. 이번 광장에 개인적으로 나온 분들도 많았지만,

2025년 3월 8일 윤석열 퇴진 집회에서 '내란 청산'을 외치는 지희.

저 같은 사람도 분명 있었고, 우리가 할 수 있는 역할이 있었을 거예요.”

기성 사회운동 단체들은 광장에 나온 새로운 세대를 궁금해했고, 청년은 선배 세대를 이해하고 싶어했다. 민주노총 등은 무지개 머리띠를 만들어 배포했고, 청년들은 노조 조끼를 입고 민중가요를 배우려 노력했다. 세대와 세대를 잇는 ‘가교’라는 말에 지희는 손사래를 치며 겸손하게 한 발 뺐지만, 부산에서 꾸준히 청년 운동을 벌인 노하우가 청년들이 함께하는 광장을 만들려는 노력에 긍정적으로 작용한 사실은 분명해 보였다.

“부산 광장은 3월 초 윤석열 석방을 기점으로 전과 후의 분위기가 많이 달랐어요. 광장 초반에는 사회운동 단체에 비해 청년 세대가 훨씬 더 눈에 띄었고 숫자도 많았거든요. 그런데 윤 석방 후 투쟁이 장기화되면서 그 반대가 됐죠. 끝까지 나온 청년들도 물론 있었지만, 많지는 않았거든요. 그 이후로는 계엄 이전부터 윤석열 퇴진 광장을 열어 왔던 시민사회단체들이 오백에서 천 명까지는 늘 책임지고 동원해 주셨고, 사실상 나머지 투쟁을 마무리했죠.”

기억을 더듬으면 광화문 광장도 그때가 고비였다. 싸움이 길어지면서 피로가 쌓이고 다들 지치기 시작했다. 다만 서울은 상대적으로 인구도 많고 참가자도 많으니까 청년 세대가 이탈하는 현상을 체감하지 못했다. 3월은 새 학기가 시작되는 시기이기도 했다.

"광장 초기에는 '어디에도 소속되지 않은 개인'들이 큰 주목을 받았고, 광장의 큰 원동력이기도 했잖아요. 다양한 깃발들이 그걸 상징적으로 표현해 줬죠. 그런데 저는 세상을 변화시키려는 노력에 개인은 한계가 분명하다고 봐요. 사실 혼자서 할 수 있는 건 별로 없죠. 같은 지향을 가진 조직이나 공동체를 만나야 그 개인도 힘을 낼 수 있을 거 아니에요. 결국 광장에 와서 함께할 누군가가 있는가, 아니면 개인으로 와서 개인으로 끝났는가의 차이가 끝까지 버틸 동력 여부를 정하지 않았나 싶어요."

2025년 3월, '청년, 오늘'은 광장에 나온 부산 청년 50여 명을 인터뷰해 아카이빙 웹진《일상을 멈추고 광장의 빛으로》를 발간했다. 발간일에 맞춰 부산 광장에 나온 청년들을 다시 한 번 초대하는 자리를 겸한 청년 대회를 열었는데, 생각보다 많은 청년이 찾아왔다. '혼자였지만 내 또래 청년들이 함께 구호를 외치는 모습을 보고 용기 내어 나올 수 있었다'고 소감을 밝히는 청년들을 보면서 지희는 고마움과 안타까움을 함께 느꼈다. 청년이 광장에 소속감을 느끼고 계속 참여할 수 있게 하는 구체적인 노력을 좀더 일찍 해야 했다는.

"오늘 이곳이 부산의 남태령이다"

지희를 만나 꼭 듣고 싶은 이야기가 있었다. 2024년 12월 28

일에 벌어진 '부산의 남태령' 사건이다. 국민의힘 부산시당 위원장인 박수영 의원이 지역구 사무실에서 연 주민 간담회에 몇몇 시민이 찾아가 내란에 관한 생각을 물었다. 박 의원이 내란죄 여부는 헌재가 판단할 일이고 대한민국 국민은 누구나 무죄 추정의 원칙이 적용된다면서 도리어 내란을 옹호하자 분노한 시민들이 항의하기 시작했다.

박수영 의원실은 경찰을 불렀고, 시민 여러 명이 사무실 안에 갇혔다. 서면에서 주말 집회를 열 예정이던 '윤석열 정권 퇴진 부산비상행동'은 박수영 의원 사무실로 가기로 했다. 30분 약식 집회를 마치고 수천 명이 두 시간 가까이 행진해서 사무실 앞에 도착했다.

"오늘 이곳이 바로 부산의 남태령이다!"

갇힌 시민들을 구하고 박수영 의원을 만나 사과를 받자고 의기투합한 이들은 한목소리로 외쳤다.

"그날 제가 집회 사회를 맡았는데, 결국은 행진 사회가 되어 버렸어요. 서면에서 30분간 집회를 진행하고 현장의 시민들에게 '갑시다!' 하고 제안했죠. 아무것도 미리 계획되지 않은 진짜 우발적인 상황이었고, 날도 너무 추웠어요. 하필 그날 행진 음원 유에스비를 들고 있던 동지가 박수영 의원 사무실 안에 갇힌 바람에, 급한 대로 여기저기 음원 자료를 찾아서 즉석에서 틀었어요. 작은 트럭 한 대뿐이었으니까 맨 뒤에서는 앞이 보이지도 않고 말이며 노래가 하나도 안 들렸을 거예요. 그런데도 이탈자 하나 없이, 그야말로 분노한 부산 시민의 힘으로 그 추운 날 두 시간을 행진해서 갔죠.”

　많은 언론이 ‘부산 남태령’을 주목했다. 지희는 이날 사건이 부산에서는 특히 의미 있다고 강조했다. 부산 사람들은 계엄 당일에도, 남태령 투쟁 같은 큰일이 벌어져도 수도권 사람들처럼 현장에 바로 뛰어갈 수 없었다. 에스엔에스에 올라오는 소식이나 유튜브 생중계를 지켜보며 발만 동동 굴렀고, 그런 상황이 현장에 참여하지 못하고 있다는 부채감으로 이어지기도 했다. ‘부산 남태령’은 그런 마음을 조금이나마 던 계기였다. 전국을 휩쓰는 투쟁 분위기에 함께하면서 부산만의 싸움을 만들어 낸 이들이 찾은 작은 자부심이라고 할까.

“양질의 일자리가 지방에는 정말 없어요”

초등학생 때부터 부산에서 쭉 산 지희는 부산을 사랑한다. 한부모 가정에서 늦둥이 외동딸로 자라면서 ‘어떻게 하면 내 삶과 내 가정을 일으킬 수 있을까, 어떻게 하면 아버지가 행복할 수 있을까’ 고민하며 유년 시절을 보냈다. 꿈을 좇아 경기도에 자리한 정보기술 계열 기숙형 고등학교에 진학했지만, 기숙사비 등 학비가 부담스럽고 혼자 지내는 나이 많은 아버지도 마음이 쓰여서 자퇴했다. 부산에 내려와 검정고시를 준비해 부산대학교 경제학과에 입학했고, 2025년 2월 졸업했다.

"검정고시 준비를 하던 시기에 '청년, 오늘'의 전신인 '청춘멘토'를 만나게 됐어요. '학교밖청소년지원센터 꿈드림'에서 연결해 주는 인턴 프로그램을 통해서요. 현실에 부딪혀 꿈을 포기했을 때 느낀 절망감 때문에 '나 같은 사람이 없는 세상을 만들고 싶다'는 생각을 하던 차에 '청춘멘토'가 지향하는 가치관에 깊은 공감이 갔죠. 그 뒤로 꾸준히 단체와 인연을 맺으며 청소년팀장, 운영위원, 사무국장을 거쳐서 이제 대표가 됐네요."

요즘 세상에는 개인의 삶이 개인만의 것이 아니라 다 사회 구조적 문제 속에 있지 않냐고 지희는 되물었다. '만약'이라는 단어로 시작하는 상상을 지희는 수도 없이 했다. '만약 현행 고교 무상 교육이 몇 년만 빨리 실행됐다면, 나는 가정 형편 때문에 꿈을 포기해야 했을까?' 같은 상상 말이다. 그런 고민을 나누고 기댈 수 있던 공동체 '청년, 오늘'에서 이제 지희는 부산 청년들이 상상의 나래를 펼칠 수 있는 디딤돌이 되고 싶다.

'청년, 오늘'은 광장을 계기로 회원도 늘고 이름도 알려졌다. 평소에는 책 모임을 비롯한 소모임과 강연, 교육과 기행 프로그램 등을 중심으로 활동하던 '청년, 오늘'은 열린 광장에서 청년들을 모으려 노력했다. 지금은 광장에서 모인 청년들 목소리를 현실에 반영하려 고민한다.

"한국 사회를 살아가는 청년들의 공통된 문제들이 물론 있지만, 지역에 사는 청년들은 또 수도권과는 다른 그들만의

2025년 4월 4일에 열린 '부산시민 축하대회'에서 사회자로 나선 지희.

고민이 있어요. 예컨대 주거 문제가 큰 고민인 것은 부산도 비슷하거든요. 월세는 서울보다 저렴하지만, 전세 사기 문제는 부산도 늘 국토부 통계 상위권에 오를 정도로 심각한 편이에요. 그 피해자는 주로 청년들이고요. 그런데 그보다 더 큰 것이 일자리 문제예요. 청년들이 취업하고 싶은 양질의 일자리가 지방에는 정말 없어요.”

지역에 살면 ‘서울 공화국’을 체감할 수밖에 없다고 지희는 말했다. 청년들이 서울로 공부하러 가거나 일자리를 찾아 떠나는 상황은 부산도 비슷하다. 근처 울산이나 경남에 자리한 대규모 산업 단지로 떠나는 이들도 있다. 부산에 살고 싶지만 할 수 있는 일이 없어서 어쩔 수 없이 떠나는 청년들을 보면 지희는 종종 마음이 아프다.

부산에서 계속 살고 싶냐는 질문에 지희는 주저 없이 그렇다고 답했다. 부산 사람들은 고향을 향한 애착이 특히나 강하다는 말을 나도 들었다.《일상을 멈추고 광장의 빛으로》에 실린 인터뷰에서 지하철을 타고 바다를 볼 수 있는 도시가 어디에 있느냐며 고향 사랑을 고백한 청년이 떠올랐다. ‘서울에서 태어난 게 스펙’이라는 자조에는 수도권 집중 현상 때문에 소외되는 부산 청년들이 품은 울분이 섞여 있다.

“이런 청년들의 목소리를 포함해 각계각층의 목소리를 담은 ‘광장의 힘’이 끊기지 않고 계속 이어져야 한다고 봐요. 우리가 나서지 않는데 정치권이 알아서 사회 대개혁 의제들을 실현시켜 줄 거라고 생각하지 않아요. 광장에 늘 시민들이 있고, 광장의 힘이 계속 유지되고 있다고 느껴야 정치도 그 힘을 더 받아 안겠죠. 그래서 8월 15일 서울에서 열린 '광복80년 평화·주권·역사정의 실현 8·15범시민대회'에 저희도 부산의 시민, 사회단체들과 함께 참가했어요."

지희는 광장과 정당 정치가 결합한 점을 윤석열 탄핵 광장의 가장 큰 특징으로 꼽았다. 새 정부가 들어선 뒤 아쉬운 점이 많이 드러나고 있지만 당장 전체를 비판할 수는 없다는 생각도 한다. 지금은 청년들을 포함해 광장에서 활동한 시민들이 정치적 힘을 지닌 존재로 부상해야 하는 시점이라고 본다. 그렇지 않으면 박근혜 퇴진 광장의 아픔을 반복하게 될지도 모르기 때문이다. 지희는 2026년 전국동시지방선거 출마를 고민하는 중이다.

"예매를 취소하고 남태령으로 향했대요"

광장 덕분에 지희도 많이 변했다. 집회 사회자라는 눈에 띄는 겉모습은 차라리 작은 부분인지도 모른다. 광장에 나온 청년들을 만나면서 가장 많이 배우고 변했다. 부산 청년들을 광장으로 이끈 마음이 궁금해서 인터뷰를 시작했고, 인터뷰가 웹진 발간이라는 성과로 이어졌다. 청년 사업을 하려고 할 때는 그렇게 모으기 어렵던 청년들이 12월 3일 이후 광장에 쏟아져 나오는 모습을 보고 가만히 앉아 있을 수 없었다.

세상이 하는 말처럼 이 청년들은 정말 '갑자기' 등장한 걸까.

2024년 12월 3일 밤, 위험을 무릅쓰고 국회로 향하는 시민들을 보며 부산 청년들은 무력감과 부채감을 느꼈다. 2014년 4월 16일, 10년이 더 지난 지금도 청년들은 모두 그날 자기가 하던 일을 생생히 기억해 지희에게 들려줬다. 국가가 나를 지켜 주지 않고 나는 아무것도 할 수 없다는 무력감, 계속되는 참사를 겪으며 점점 더 누적된 무력감이었다. 2025년 2월 '윤석열 정권 퇴진 부산비상행동'이 주최한 토론회에서 지희는 무력감에 싸인 청년들이 한 선택이 바로 광장이라는 점이 놀랍다고 말했다.

"남태령 투쟁이 벌어진 날 마침 친구를 만나러 서울에 놀러갔던 한 청년의 인터뷰가 기억에 남아요. 남태령 소식을 듣고 이 청년은 부산에 돌아오는 기차 예매를 취소하고 남태령으로 향했대요. 12월 3일 따뜻한 방 안에서 느껴야 했던 무력감을 떨칠 기회라고 생각했다는 거죠. 차디찬 바닥에 앉아서 구호를 외치는 순간이 제일 마음 편했다고 해요. 함께 힘을 합치니까 무력감이 사라진다는 것을 알게 되었다는 거예요."

늘 사회적 약자를 위해 싸운 사람으로 자부하며 살던 1993년생 여성주의 운동가는 노동자와 장애인 같은 다른 약자들이 겪는 문제는 외면한 지난날을 고백했다. 일단 여성 권리 찾기가 우선이라고 생각하며 살다가 광장에 나와 노동자와 장애인을 포함한 모든 사람이 여성 문제를 같이 외치는 모습을 보고 자기 안의 뭔가가 크게 바뀌더라고 했다. 약자들이 서로 존재를 모르고 외면하던 이전으로 다시 돌아갈 수 없다는 느낌이었다.

지희는 다시 질문했다. 청년들은 갑자기 등장했을까. 역사적인 순간에 언제나 광장에 있던 청년들이 이제야 주인공이 된 것은 아닐까. 우리 사회가 비로소 청년들을 바라보기 시작한 것은 아닐까. 정치는 청년을 대상화하고 수단으로 여겨도 청년은 그런 정치를 버린 적 없다고 지희는 강조했다.

"지난 광장을 청년들이 주인공이 되어 만든 '빛의 혁명'이라고 칭하죠. 함께 있을 때 그 어느 때보다 강하다는 것을 우리는 이번 광장을 통해 느꼈어요. 빛의 혁명은 정치적 힘을 가진 청년들의 손으로 완성할 수 있다고 생각해요. 아직은 정치권도 시민단체도 청년들의 정치 세력화를 눈에 띄게 이루어 낸 곳이 없는 것 같아요. 광장에서 우리가 얘기한 염원들, 청년들의 목소리를 담아 내는 정치를 부산에서 구현해 보고 싶고, 그 역할을 할 수 있도록 노력하려고 합니다."

지역과 청년, 소외된 삶의 뿌리를 찾아서

지희를 인터뷰한 날은 폭염이 한창인 8월 초였다. 봄에 시작한 인터뷰가 어느새 뜨거운 여름으로 접어들었고, 인간이 고장 낸 지구의 심각한 오류 때문에 몸과 마음이 통째로 허덕일 즈음이었다. 점점 인터뷰도 나도 매너리즘에 빠진 걸까 하는 생각이 들기 시작하는 때였다. 매번 비슷한 글만 나오는 듯했다. 대체 뭘 해야 조금이라도 새로운 이야기를 캐낼 수 있을까. 답답하던 어느 날 모임에서 무심코 물었다.

"이다음에는 누구를 만나면 좋을까요?"

"지역 청년들은 어떻게 활동했는지 궁금해요. 언론부터 시작해서 세상의 관심이 다 서울과 수도권에 집중돼 있잖아요. 내란에 맞선 집회, 시위는 전국에서 일어났는데 말이죠."

그러고 보니 나도 그 점이 궁금한 참이었다. 언론에서 간혹 지역 소식을 다루기는 하지만 지역에서 무슨 일이 벌어지고 있는지 직접 듣고 싶었다.

지희가 광장에 참여한 계기도, 부산 집회 메인 사회자로 나서게 된 계기도 모두 지역 청년 운동 단체 대표를 맡고 있다는 사실하고 무관하지 않다. 나는 청년 문제에도 관심이 많았다. 언젠가 청년들을 만나 이 시대를 살아가는 이야기를 들어보리라 하던 차에 내란 사태를 계기로 광장에 뛰어들어 엠지 세대를 인터뷰하게 됐다.

여태껏 청년 운동은 민주화 운동을 구성하는 부문 운동으로 받아들여졌지만, 지금 내가 이야기하는 청년 운동은 2000년대 접어들어 시작됐다. 아는 후배가 '청년유니온'이라는 곳에서 일한다고 해서 거기가 대체 뭐 하는 곳이냐고 물은 기억이 난다. 그때 세대별 노동조합이라는 개념을 처음 들었다.

청년 운동의 역사는 일제 강점기 독립운동까지 거슬러

'청년, 오늘' 운영진이 함께 찍은 즉석 사진. 맨 윗줄 왼쪽이 지희.

올라가지만, 1990년대만 해도 청년 문제만 따로 다루는 청년 운동이란 거의 존재하지 않았다. 민주화 시기 이후 사회 운동은 세대와 부문을 가리지 않고 공동체와 국가, 또는 역사에 헌신하는 도구일 뿐이었다. 그러니까 청년이 하는 운동이라서 청년 운동이었다.

대학 새내기 때 선배들이 처음 권한 책을 아직도 기억한다. 3월에 처음으로 가입한 학회에서 '커리'(읽고 토론하기 위한 커리큘럼의 준말)로 선정한 《다시 쓰는 한국 현대사》였다. 1988년에 초판이 나온 이 책은 1990년대 중반에 대학을 다닌 사람에게는 필독서나 다름없었다. 과방이나 동아리 방을 가면 한두 권쯤은 눈에 띄었다. 《다시 쓰는 한국 현대사》나 1992년에 나온 《청년을 위한 한국현대사》같은 책을 읽고 외세에 맞선 자주, 민주, 통일이나 현실 사회주의 붕괴 뒤 자본주의 일극 체제에 맞선 민중 생존권 같은 거대 담론을 이야기한 시절에 청년 당사자 문제는 끼어들 틈이 없었다. 지금 같은 청년 운동이 존재하지 않은 이유는 지금 같은 청년 문제가 없기 때문이었다.

한국 사회는 아주 빠르게 바뀌었다. 청년유니온은 2010년 3월에 출범했는데, 이미 한참 늦은 참이었다. 청년의 삶은 그전부터 심각하게 무너져 있었다. 국제통화기금IMF 구제 금융 사태 이후 노동 시장 유연화 정책이 도입되고 비정규직 채용이 급증했다. 모두 그때 시작됐다. 청년만이 아니라 극소수를 제외한 모든 사람이 먹고사는 문제가 급격히 나빠졌다. 안정된 일자리가 줄어들면서 '청년 문제'도 눈에 띄기 시작했는데, 안정된 일자리가 청년에게만 필요할 리는 없는 만큼 모든 세대의 문제이기도 했다.

지희가 가장 많이 이야기한 문제도 결국 일자리였다. 서울 청년들에게 없다는 일자리가 지방 청년들에게 있을 리 없다. 일자리가 줄어들면서 생존 경쟁이 심해지자 수도권 집중 현상만 깊어진다. 미래가 없는 지역을 떠난 청년은 서울로 향할 수밖에 없으니 지역 소멸이 빨라진다.

그런 지역에 남아 청년 운동을 하겠다고 나선 사람이 그이다. 청년 운동은커녕 청년을 만나는 일도 쉽지 않은 지역에서 내란 광장에 나온 청년들을 부지런히 만나 웹진까지 발간했다. 여름에 이야기한 청년 정치 세력화를 목표로 지방선거에 도전하겠다는 계획은 겨울에도 변함없이 진행 중이었다. '청년, 오늘' 활동 말고도 진보당 지역구 위원장 활동에다 주말 봉사 활동으로 쉴 틈이 없어 보였다. 2025년 지방선거에서 지희가 당선하면 2022년에 이어 부산에서 두 번째로 최연소 구의원이 탄생하게 된다.

그렇게 된다면 나는 두 가지쯤은 점칠 수 있다. 선거 때말고는 얼굴도 보기 어려운 정치인에게 실망한 지역 주민들은 그야말로 '발로 뛰는' 새 대변자를 만나 꽤 놀랄 것이라고. 그리고 여러 겹 고민에 눌려 있던 지역 청년들은 서울이아니라 지역에서 사는 삶을 꿈꿀 수 있게 목소리를 내는 진짜 대변자가 있다는 사실을 처음으로 믿게 될 것이라고.

"죽음이 너무 많은 이 상황을 바꿔야겠다"
'한국성소수자인권단체연합 무지개행동' 사무국장 권순부

권순부 성소수자의 삶을 바꾸고 싶은 30대 게이 활동가. 누구나 존중받는 평등한 세상을
여러분과 함께 만들고 싶다. 뜻있는 동료 절찬 모집 중. 무지개행동의 손을 잡아 주세요!

윤석열 탄핵 광장에서 무엇이 가장 눈에 띄었을까. 분명 뭔가 다르다고 느끼게 한 것들 말이다. '빛의 혁명'이라는 수식어를 탄생시킨 응원봉, 전에 견줘 훨씬 많이 보이는 듯한 청년 여성, 곳곳에 휘날리던 무지개 깃발. 그중에 나는 무지개가 가장 궁금했다.

무지개 깃발을 언제 처음 봤던가. 대학생 때, 아니 20대 후반 새내기 기자 시절. 어딘가 위험하리만큼 이질감이 느껴지던, 한없이 낯설고 조심스럽던 20여 년 전 여섯 색깔 무지개. 그때는 설명을 듣고 나서야 비로소 고개가 끄덕였다. 아하, 그런 사람들이 있구나. 광장에 온통 넘실대는 무지개를 보며 이제 다시 생각한다. 그때 그 무지개 깃발을 든 사람은 얼마나 큰 용기를 냈을까. 떨리고, 두렵고, 당장이라도 도망치고 싶은 마음을 어떻게 억누르면서 그 자리에 서 있었을까.

이제 성소수자는 더는 '소수자'가 아닌지도 모르겠다. 광장의 무지개에는 '앨라이ally', 곧 성소수자는 아니어도 퀴어 인권을 지지하고 연대하는 이들까지 포함되겠지만, 정체성 고백 발언이 끝없이 이어지고 광장을 끝까지 지킨 모습은 괄목상대刮目相對라는 사자성어를 떠올리게 한다.

2025년 9월 2일, 서울시 마포구 공덕동에 새 둥지를 튼 '한국성소수자인권단체연합 무지개행동' 사무실에서 이 단체 사무국장 권순부를 만났다. 광장에서 활발히 활동한 엠지 청년 순부에게서 성소수자 인권 운동의 과거와 현재를 듣고 싶었다. 문 연 지 2주 남짓 된 새 사무실이었다. 상근자나 사

2025년 9월 공덕동에 자리한 무지개행동 새 사무실에서 만난 순부.

무실이 없던 무지개행동이 처음 마련한 공간이기도 했다. 모든 것이 잘 정돈된 깔끔한 공간은 시작하는 이들이 품은 설렘과 기대를 보여 주는 듯했다.

"각자의 무지개 깃발을 들고 모였죠"

"무지개행동은 2007년 '성소수자차별저지긴급행동'에서 출발했어요. 당시 참여정부 법무부가 차별 금지 법안을 입법 예고했는데, 재계와 종교계에서 강하게 반대했죠. 특히 종교계가 성적 지향과 성별 정체성 관련 부분을 문제 삼자, 법무부가 그것들을 삭제한 수정안을 냈어요. 그러면 그 삭제된 항목은 차별해도 된다는 역설적인 효과가 생기잖아요. 그래서 당시 시민사회에서 이 '누더기 차별금지법'을 반대하고 일어났고, 그걸 계기로 성소수자 인권 단체의 연대체인 무지개행동이 2008년 5월 17일에 출범해서 지금까지 왔습니다."

5월 17일은 '국제 성소수자 혐오 반대의 날'이기도 하다. 무지개행동은 해마다 5월 아이다호 기념대회를 집회 형식으로 여는 한편 학술 연구자와 활동가가 모여 토론하는 '성소수자 인권포럼'을 개최했다. 선거나 국정 감사 등 현안에 대응하고 정치인 혐오 발언 규탄 집회나 기자 회견 등을 개최하며 여러 단체를 잇는 허브 센터 구실을 했다.

"윤석열 퇴진 집회 기간에 저희는 광화문 맞은편 의정부

광화문광장 무지개존에서 진행한 '세상을 바꾸는 질문의 벽' 설문 조사 행사에서. ⓒ 무지개행동

지 역사유적광장에서 무지개존을 운영했어요. 무지개행동 큰 깃발을 중심으로 각 단체 회원들과 개인 기수들이 각자의 무지개 깃발을 들고 모였죠. 12월에는 여의도공원에서 두 차례 무지개존을 열었고요. 그때는 워낙 100만 명이 운집한 상황이어서 급하게 제안했는데, 막상 약속 장소에 가니 정말 많은 분들이 와 있었어요. 그렇게 모인 무지개 깃발들이 참 인상적이었다는 평도 많이 들었죠.”

무지개존은 광장에서 성소수자의 존재를 분명하게 드러내고 현장에 나오는 이들을 서로 지지해 주려 만든 공간이었다. 성소수자에게는 안전한 공간을 제공하고 광장에 나온 시민들에게는 성소수자를 동료 시민으로 인식하는 계기를 마련하고 싶었다. 이번만큼은 성소수자의 목소리가 삭제되지 않게 하겠다는 의도도 컸다. 성소수자는 언제나 광장에 있지만 광장이 끝나고 나면 배제되고 외면받기 일쑤였다. 이번 광장에서도 집회 맨 앞자리를 차지하고 앉아 성소수자 시민들이 하는 발언을 다 듣고 광장에 뜬 무지개를 다 본 정치인들이 막상 성소수자의 삶을 존중하는 모습은 보여 준 적 없지 않냐며 순부는 반문했다.

민주주의가 위협받는 순간 쏟아져 나온 소수자들

“성소수자와 무지개가 이번 광장에 왜 이렇게 폭발적으로 많았느냐고요? 제 기억에 남아 있는 장면이 하나 있어요. 12월 5일쯤, 이번 광장의 거의 첫 성소수자 공개 무대 발언이었던 것 같은데요. 자신의 실명을 드러낸 그분이 '발언 사실이 학교나 일터에 알려지면 어떨지 너무 두렵지만, 윤석열 씨가 계속 대통령을 하는 세상이 백배 천배 두렵기 때문에 용기를 냈다'고 말했는데, 시민들이 따뜻한 환대와 응원으로 화답해 주더라고요."

광장에서 무지개가 가장 눈에 띈 이유가 뭐냐고 물었다. 순부는 두 가지를 꼽았다. 먼저 처음부터 강조된 평등 수칙 덕분에 광장이 안전하고 평등한 공간이라는 인식이 확산되면서 성소수자 시민이 조금 더 안심하고 자기를 드러낼 수 있었다. 게다가 시민으로서 누려야 할 권리를 계속 부정당하고 박탈당하면서 성소수자들 사이에 정치적 욕구가 커졌다. 윤석열 정부는 국가 기관 중 그나마 성소수자가 기댈 수 있던 국가인권위원회를 반인권 인사들로 채웠다. 위원장과 몇몇 상임위원이 소수자 인권을 부인하는 혐오 발언을 쏟아 내면서 그동안 인권위와 시민사회가 쌓은 성과를 무참하게 무너트렸다.

"사실 성소수자 인권 문제 관련 정책은 민주당 정부도 크게 다르지 않았어요. 박근혜 퇴진 광장에서도 시민의 힘으로 박근혜를 끌어내리고 문재인 후보가 대선에 출마했는데, 인권 변호사 출신인 문재인이 대선 토론에서 동성애를 반대한다고 발언해서 성소수자 커뮤니티가 느낀 배신감과 위기

의식이 있었죠. 실제로 문재인 정부는 충분한 의석과 정치적 역량이 있었음에도 불구하고 차별금지법 입법에 나서지 않았잖아요."

성소수자 통계를 내지 않고, 성소수자 관련 정책을 마련하지 않고, 성소수자 관련 예산을 편성하지 않는 등 성소수자 인권 문제에서는 거대 양당이 큰 차이가 없다고 순부는 지적했다. 다른 나라에서는 성소수자가 혼인도 하고 입양도 하는 등 기본 인권을 누리지만 한국은 차별금지법 하나 20년 가까이 못 만들고 있다. 그런데 정치가 그저 지지자를 모으는 수단으로 전락해 소수자를 희생양 삼거나 혐오 발언을 일삼는 현실에 무력해질 듯도 한 소수자들이 민주주의가 위협받는 순간이 닥치자 봇물 터지듯 광장에 쏟아져 나왔다.

"성소수자 단체 등에 속한 활동가보다 이전에 운동에 참여하지 않던 개인 성소수자들이 나온 경우가 훨씬 많았죠. 이번 광장에는 정말 많았어요. 8년 전 박근혜 퇴진 광장에서는 성소수자임을 드러내고 발언한 사람이 다 저희가 아는 분들이었거든요. 어디 단체 활동가, 어디 회원 이런 경우였죠. 그런데 이번에는 정말 수백, 수천 명이 발언에 나섰잖아요. 이건 그냥 우연히 생겨난 일이 아니에요. 성소수자 인권 운동의 그간의 노력과 우리를 동료로 받아 안은 시민사회의 문화 등이 쌓여서 가능했던 일이죠."

"버텨 낸 힘은 사람에 대한 믿음과 연대였어요"

나도 궁금했다. 박근혜 퇴진 촛불 집회 때 무대에 올라 공개 발언을 한 성소수자가 두 명뿐이라는 이야기를 들었다. 그사이 이토록 큰 변화가 일어났고, 그런 일은 그냥 생길 수 없는 법이다. 성소수자 인권 운동은 지난 10여 년 동안 전에 없이 폭력적인 공격과 차별에 시달렸다. 페미니즘이 부상하자 백래시가 심해졌듯, 성소수자 인권 운동이 성장하자 반대 세력도 바삐 움직였다.

"돌아보면 무지개행동과 회원 단체들이 똘똘 뭉쳐서 그 시절을 헤쳐온 것 같아요. 날마다 규탄하고, 날마다 대응하면서. 민주 개혁 세력을 자임하는 민주당 정부조차 의식적으로 우리를 외면했고, 1990년대부터 교세가 꾸준히 줄어 온 보수 개신교는 내부 위기를 타개하기 위해 예전에 소위 '빨갱이' 사냥하듯 성소수자를 외부의 적으로 삼아 공격했어요. 심지어 육군에서 성소수자 군인을 색출한다고 나섰던 사건도 있었고요. 그렇게 어려운 시절을 우리가 버텨 낸 힘은 사람에 대한 믿음과 연대였어요."

배제되고 차별받는 이들이 서로 손잡고 함께 헤쳐 나가려 노력했고, 그런 마음이 여기저기 가닿아서 광장의 무지개로 이어졌다. 성소수자 공동체가 바깥을 향해 연대를 시도하지 않았다면, 그래서 자기가 세상에 연결돼 있다고 느끼지 못했다면, 개인으로 고립돼 있던 성소수자가 광장에 선뜻 나올 수 있었을까.

"2011년 한진중공업 희망버스 때 저희도 퀴어버스를 운행했고, 쌍용자동차 투쟁 할 때는 평택 공장에 게이 인권 단체 '친구사이' 합창단이 가서 연대 공연도 했죠. 그 뒤 2015년인가에 서울역 앞에서 열린 아이다호 행사에 금속노조 조합원 형님들이 오셔서 답가를 불러 주셨어요. 이 밖에도 장애인 인권 운동, 여성 운동 등 다양한 부문의 운동과 교류하고 협력하면서 관계를 넓혀 왔고, 이제 성소수자 인권 운동이 역동적인 사회운동 세력으로 어느 정도 자리하게 됐다고 봐요."

변화를 바라는 사람은 약자다. 경제적 부와 사회적 자산을 충분히 가진 기득권은 변화를 바라지 않는다. 가진 것 없는 이들이 기댈 만한 유일한 존재는 곁에 있는 동료, 사람이다. 성소수자 공동체는 또 다른 사회적 약자에게 기꺼이 손 내미는 연대가 자기들을 위한 인권 운동하고 다르지 않다는 사실을 일찍이 터득했고, 적극적 연대를 바탕으로 스스로 발 붙일 곳을 확장했다.

약자들 사이의 연대가 빛난 광장이었다. 처음부터 다수를 차지하며 눈에 띈 여성과 소수자가 그랬고, 농민과 소수자가 함께 경찰 차벽을 뚫은 남태령 대첩이 그랬고, 정권 퇴진 구호에 그치지 않고 온갖 투쟁 사업장에 부지런히 연대한 말벌 동지가 그랬다. 윤석열 정권에서 특히 억압받은 여성과 성소수자, 장애인 등 사회적 약자들이 손잡고 매주 개최한 집회 '평등으로 가는 수요일'도 내란 광장의 성격을 잘 보여준다. 약자들의 연대는 광장의 키워드였다.

"이번 광장의 성소수자 활동은 드러난 것 못지않게 드러나지 않은 부분에서도 많았어요. 이름 없는 무명의 헌신이었죠. 무지개를 든 집회 참가자들 말고도 제가 아는 한 인권침해 감시단이나 변호사, 비상행동 상황실 스태프 등 실무진에 이르기까지 정말 많은 성소수자들이 곳곳에서 자기 역할을 담당했어요. 광장을 벗어난 일상에서도 늘 그런 것처럼, 자신이 성소수자임을 굳이 드러내지 않아서 몰랐을 뿐이죠."

지금 사회운동 전반에 성소수자가 많이 들어가 활동하고 있다고 순부는 설명했다. 요즘 사회운동이 예전에 견줘 정체 중이라지만 성소수자 운동은 오히려 성장하는 추세라고, 성소수자 활동가가 성소수자 운동을 넘어 다양한 사회운동에 적극 뛰어들고 있다고 했다. 왜 그런 걸까. 순부는 어쩌면 답이 될지 모르겠다면서 자기 이야기를 들려줬다.

"죽음이 너무 많은 이 상황을 바꿔야겠다"

"저는 숭실대학교에서 정치학을 전공하고 운동권 성향의 독서 토론 동아리에 가입해서 활동했고, 20대 초반부터 성소수자 인권 단체 활동을 했어요. 미군 부대에서 군 복무를 마친 뒤 대학교 성소수자 동아리들의 연대체 활동과 진보 정당

(정의당 성소수자위원회 위원장) 활동을 했고, 최근까지 공공운수노조 산하 더불어사는희망연대본부에서 노동조합 상근자로 일했죠. 이 공간들에서 저는 대체로 정체성을 드러내고 활동했거든요.”

지금 돌아보면 '그럴 수 있는 환경'을 찾아다닌 덕분이 아닌가 싶다고 순부는 말했다. 사회과학대는 다른 곳보다 다양성을 토론하고 이해받기가 쉬운 곳이었고, 군대도 성소수자 정체성이 덜 모욕받을 곳을 선택했다. 지금 사회운동 조직에 성소수자가 늘어난 현상은 자기 사례에 비춰 보면 쉽게 이해할 수 있지 않겠느냐는 말이었다.

미국산 쇠고기 수입 반대 촛불 시위가 한창이던 2008년에 순부는 고등학생이었다. 야간 집회 금지가 막 풀린 때였다. 종각역 삼성증권 앞 사거리 차도를 깃발 든 대학생 형들을 따라서 걸으며 해방감을 느낀 기억이 지금도 생생하다. 무엇이 이 많은 사람을 이렇게 움직이게 할까. 그때부터 사회 문제에 관심이 생긴 순부는 대학에서 정치학을 공부하고 인권 단체 활동을 하면서 자기가 가장 하고 싶은 일이 성소수자 인권 운동이라는 사실을 알았다.

“대학생 때인 2014년에 박원순이 서울시민 인권헌장 선포를 거부했을 때 성소수자들이 시청 로비를 점거하는 농성에 참여했어요. 이듬해에 학교에 성소수자 동아리를 만들고 총여학생회와 함께 인권영화제를 개최했는데, 성소수자 영화를 상영한다는 이유로 숭실대 당국이 대관을 취소하고 행

2025년 추석을 맞아 친구들이랑 함께 20대 시절 추억이 어린 기형도문학관을 찾은 순부.

사를 불허하고 나섰어요. 그에 맞서 싸우면서 야외 상영을 진행하고 국가인권위원회에 진정을 냈고, 성적 지향에 따른 시설 사용 거절은 합리적 이유 없는 차별이라는 인권위 시정 권고를 얻어 냈죠."

그때 활동하던 성소수자 동아리가 신입생 환영 현수막을 걸자 숭실대 쪽은 건학 이념인 기독교 정신에 어긋난다며 방해하고 나섰는데, 그 일도 인권위에 진정해서 이겼다. 인권위 권고 사항은 법적 강제력이 없어서 대부분 수용되지 않지만 정치적 부담을 주고 여론의 지지를 끌어낼 수 있다는 점에서 무시 못 할 의미가 있다. 대학생 때 이미 두 번이나 인권위에 진정을 내 인용 결정을 받은 경험이 있는 만큼 요즘 파행으로 치닫는 인권위가 더욱 안타까울 수밖에 없단다.

친구사이 활동을 하며 알게 된 김조광수와 김승환 부부의 결혼식에서 혐오자가 저지른 난동을 목격하고 20대 초반에 주변에서 벌어진 연이은 죽음을 겪으면서 순부는 자기가 살아가야 할 길을 점점 확신하게 됐다. 성소수자 자살률이 높다는 이야기를 나도 얼핏 들은 적은 있지만 당사자가 직접 알려 준 현실은 참담했다. 성소수자 중에서도 청소년이나 청년이 죽음을 택하는 사례가 특히 많단다. 부모가 장례를 안 치르거나 일일장으로 끝내고 주변에 안 알리기도 한다.

"그 나이면 사실 어린 애들이잖아요. 이 친구 죽었을 때 장례식에서 만난 사람을 저 친구 장례식에서 또 만나는 거예요. 그럼 '야, 이런 데서나 만나는구나' 그런 이야기를 나누죠. 어느 장례식장에 가면 아직 죽을 나이가 아니니까 영정 사진이 없어서 영정을 못 갖춘 제단도 있어요. 그런 장례식을 계속 다니다 보니 이들이 특별히 유약해서 죽은 게 아니라, 이들을 죽음으로 내모는 어떤 조건들이 있다는 것을 깨달았죠. 죽음이 너무 많은 이 상황을 바꿔야겠다는 생각, 그게 저를 이 길로 오게 한 것 같습니다."

대학 시절부터 지금까지 그 길에서 10여 년, 요즘 순부는 세상이 분명 달라진 느낌을 받는다. 광장에서 만난 사람들은 성별이나 세대를 가리지 않고 성소수자 문제에 호의적이었다. 광장이라는 예외성도 한몫했겠지만, '성소수자 차별도 윤석열도 없는 사회로'라고 적힌 손 피켓을 선뜻 집어 든 많은 사람은 분명 성소수자도 민주주의라는 소중한 가치를 공유하는 동료 시민이라는 사실을 이해하고 있었다.

성소수자 관련 단체 회원도 늘었다. 일시 후원 형태로 들어온 시민들의 마음은 성소수자 운동이 광장에서 더욱 힘 있는 활동을 펼치는 데 큰 보탬이 됐다. 이호림 '행동하는성소수자인권연대' 상임활동가가 '윤석열즉각퇴진·사회대개혁 비상행동' 공동의장을 맡았는데, 성소수자 당사자가 주요 연대 기구에서 의장이 된 일도 이번이 처음이라고 했다.

"성소수자 시민들의 활발한 광장 참여로 인해 활동가들도 더 힘을 받을 수 있었던 것 같아요. 발언이 양적으로 늘어났다는 것도 이번 광장의 소중한 성과에요. 당사자가 자기 목소리로 이야기를 하면 모인 사람들은 어쨌든 듣게 되는 거잖아요. 나는 주변에서 한 번도 성소수자를 본 적이 없다는 사람들도 많을 텐데, 그들이 무대에 올라와 직접 발언하는 것을 들은 경험은 광장이 끝나고 일상으로 돌아가도 사라지지 않을 거거든요."

"떨리는 목소리로 자기 삶을 용기 있게 고백하는"

내란 광장은 성소수자 시민이 광장에서 주요한 몫을 지닌 집단이라는 사실을 보여 주고 성소수자와 비성소수자 시민 사이의 접점을 넓히는 데 큰 구실을 한 공간이라고 순부는 평가했다. 또한 광장은 성소수자 인권 운동의 가능성을 확인한 동시에 거기에 못지않은 과제를 안게 된 계기이기도 했다. 조직되지 않은 많은 성소수자가 쏟아져 나온 점에서는 가능성을, 그런 이들을 모을 방법에 관련해서는 고민과 과제를.

"그분들이 그렇게 떨리는 목소리로 자기 삶을 용기 있게 고백하는 모습을 보면서 무거운 책임감을 느꼈어요. 우리 운동이 어떻게 하면 이들의 용기를 잘 받아안을 수 있을까, 이분들이 아직 성소수자 인권 단체나 운동에 관여하지 않는 이유는 뭘까, 우리가 어떤 점을 더 개선해야 좋을까. 하지만 고민도 잠시, 당장 해내야 하는 일들이 쌓여 있었기 때문에 그것들은 마음 한편에 과제로만 미뤄둬야 했죠."

광장에서 나온 여러 발언을 이야기하면서 순부는 종종

'떨리는 목소리'라는 표현을 썼다. 아, 나도 무슨 말인지 안다. 보고 들었다. 정체성을 말하려는 순간 갑자기 흔들리는 몸짓을. 문득 떨리기 시작하는 목소리를. 내가 이럴진대 성소수자 당사자인 순부의 마음속에 인 파문은 어땠을까. 다음 기회에는 그런 이들에게 더 가까이 다가갈 수 있게 미리 잘 준비할 생각이라고 순부는 다짐하듯 말했다.

세상이 달라진 사실은 맞지만, 어떤 세상은 아직 달라지지 않았다. 성소수자 인권 문제는 줄기차게 의도적으로 외면받는다. 거대 정당이나 선거에 나갈 정치인은 반대 세력이 쏟아 내는 민원이나 압박이 두려워 이 문제를 되도록 피하려 한다. 언론도 마찬가지다. 매년 15만 명이 참가하는 아시아 최대 축제인데도 축소 보도되는 탓에 사회적 관심을 끌지 못하는 서울퀴어문화축제가 대표 사례라고 순부는 지적했다.

그나마 익명성 뒤에 숨기 좋은 서울 같은 대도시여야 성소수자가 자기를 드러낼 수 있다. 상대적으로 좁고 보수적인 지방에서 성소수자가 넘어야 할 편견의 문턱은 여전히 높다. 작가 정보라는 포항 촛불 집회에서는 성소수자라고 밝힌 참가자가 한 명도 없더라고 책《다시 만날 세계에서》에서 썼다. '인구 50만 명의 보수적인 지방 소도시에서 성소수자임을 밝히면 이후에 살기 힘들어지니까 내놓고 말할 수 없다고 이해하는 편이 정확할 것'이라고 넘겨짚을 뿐이었다.

나도 그런 경험을 했다. 지역 집회에서 용기 있는 발언을 해 꼭 만나 보고 싶던 한 소도시 출신 성소수자가 결국 인터뷰를 고사하고 연락을 끊었다. 어떤 마음일지 조금은 짐작할 수 있어서 더는 괴롭히지 않기로 했다. 세상은 분명 조금씩 변하고 있지만, 변화의 온기가 모든 이에게 전해지려면 아직 시간이 더 필요하다. 순부는 그런 시간을 앞당기려 노력할 작정이다.

"시민들의 인식이 비약적으로 발전한 데 비해 정치와 공적 영역은 수십 년쯤 뒤떨어진 것 같아요. 지금까지 우리 운동은 혐오나 차별이 발생하면 그것에 대해 규탄하는 식으로 싸워 온 케이스가 많은데, 우리가 먼저 우리 권리를 주창하고 이끌어 나가는 적극적인 운동을 해 보자 해서 이번에 무지개행동 사무국을 세우기로 결의했죠. 새로운 무지개행동을 통해서 더 많은 성소수자 시민들과 만나고, 평등의 가치를 소중하게 여기는 더 많은 시민과 만나는 성소수자 인권운동이 되려고 합니다."

'밝히는' 사람들이 일으키는 마음속 균열

기성세대가 광장에 나온 청년들을 보고 많이 놀랐다는데, 나는 성소수자들을 보고 놀랐다. 나에게는 미지의 영역이었다. 그이들이 있다는 사실을 모르지도 않았고, 요즘 들어 그이들이 전보다 좀더 편하게 자기를 드러낸다는 사실도 알았지만, 막상 주변에서 성소수자를 대면한 적은 거의 없었다. 아니,

성소수자를 대면한 적이 없다기보다는 자기가 성소수자라고 '밝히는' 사람을 대면한 적이 없다는 말이 정확하겠다.

그래서 나는 이번에 처음으로 성소수자라고 밝힌 사람을 마주하고 인터뷰했다. 광장의 청년들을 추적하다 보면 피할 수 없는 이들이었다. 성소수자를 만나려 해서 만났다기보다는 그냥 적당한 인터뷰이를 찾아내면 성소수자일 때가 많았다. 초기에 만난 몇몇 성소수자 청년 인터뷰는 결국 폐기됐다. 티 내지 않으려 조심하고 애써도 낯선 존재를 불편해하는 내 태도가 상대방을 불편하게 한 듯했다. 무지와 편견이 빚은 실수였다. 겨우 몇 달 전만 해도 나는 이토록 한심하리만치 구태의연했다.

성소수자로 살아가는 삶을 처음으로 이해하게 된 계기는 영화감독 워쇼스키 형제, 아니 자매다. 2012년 두 워쇼스키가 한국에 와 텔레비전 예능 프로그램 〈황금어장 — 무릎팍도사〉에 출연했는데, 나는 그 영상을 몇 년이 지나서야 봤다. 그때 두 사람은 라나와 앤디라는 이름을 한 남매였다. 그러니까 한 사람만 성전환 수술을 하고 다른 한 사람은 아직 남성이었다. 진행자인 강호동 앞에 앉은 라나가 어린 시절 이야기를 꺼냈다. 정체성을 깨달은 뒤에는 내내 삶이 슬프더라는 이야기, 기찻길을 걷다가 지나가는 기차에 뛰어들고 싶은 충동을 느낀 적이 있다는 이야기. 그런데 정체성을 드러내면 꿈꾸던 영화감독이 되지 못할까 봐 지금껏 숨기고 살았다고 했다. 이제는 누나가 된 형을 그윽이 바라보던 앤디가

슬며시 라나의 어깨를 감쌌다.

내가 사는 곳에서 열리는 오일장에서 만난 성소수자도 생각난다. 온양온천역 광장에서 열리는 장은 먼 곳에서 차를 타고 찾아올 정도로 크고 유명하다. 몸에 딱 달라붙는 선홍색 셔츠와 긴 플레어스커트를 차려입은 그 사람을 본 나는 동행을 툭툭 치며 안달을 냈다. 서커스단 원숭이를 구경하는 기분이었겠다.

보통 사람 시선으로 보자면 할아버지라는 소리를 들을 만큼 늙은 그 사람은 옛말로 각설이라 부르는 예인이었다. 장이 열리는 날이면 역 광장에서 반주를 틀어 놓고 북을 치면서 흘러간 뽕짝을 불렀다. 좌판을 펼쳐서 호박엿을 팔고 좌판 밑에서는 몰래 잔술도 팔았다. 종이컵 가득 막걸리 한 잔을 따라 주면서 500원도 받고 1000원도 받았다. 앞을 지나는 여섯 살짜리 내 딸을 불러 주머니에서 알사탕을 꺼내 주기도 했다. 아이를 향해 환하게 웃는 눈이 유난히 슬펐다. 그러고 일어나 도로 마이크를 잡더니 전보다 더 신나게 고개를 흔들며 목청을 높였다.

석 달 전 만난 순부는 1992년생, 이제 30대 중반이다. 내가 만난 엠지들 중에 후주 다음으로 나이가 많다. 중학교 때 잠깐 경기도 부천에서 통학하며 엠피스리로 〈손석희의 시선집중〉 같은 시사 프로그램을 듣고 고등학교 때 광우병 위험 미국산 쇠고기 수입 반대 촛불 시위에 참여하며 시사 주간지 등을 찾아보다가 사회 문제에 관심이 커져서 정치외교학과

지난 광장에서 무지개 깃발을 들고 행진 대열에 참가한 모습. ⓒ무지개행동

에 갔다. 나중에 알고 보니 정작 자기가 하고 싶은 공부는 사회학이었는데, '금천구의 가난한 동네'에서 태어나고 자란 데다 부모님도 대학을 나오지 않아 주변에 그런 사실을 알려 줄 사람이 없었다. 정기적으로 만나는 중학교 친구 모임에 가면 요즘은 집, 코인, 탈모가 화제다.

순부하고 마주 앉아 성소수자 인권 운동을 둘러싼 정치적 상황을 비롯해 많은 이야기를 나눴지만, 지금 돌아보면 단 한 마디가 가장 기억에 남는다. '죽음이 너무 많은 이 상황을 바꿔야겠다'는 말. 언젠가 한 사람의 내면에서 일어난 커다란 균열. 성소수자 인권 운동 못지않게 나는 그 말에 주목하고 싶었다. 젊은 날 한때, 내 마음속에도 분명 그런 균열이 인 기억이 떠올랐다.

'내가 쓰는 글이 다른 사람에게 힘이 될 수 있다면.' 그 간절한 마음을 먹을 무렵, 내내 잿빛이던 삶의 장막이 걷히고 비로소 살아갈 이유를 찾은 기분이 들었다. 응원봉이 빛나고 구호가 울려 퍼지는 거리에 서 있을 때, 일요일 오후 서울광장 잔디밭에 아이 손을 잡고 나온 가족들 머리 위로 이승환이 부르는 〈세상에 뿌려진 사랑만큼〉이 선물처럼 경쾌하게 퍼질 때, 분명 나는 심장이 뛰었다.

순부의 마음속에서 일어난 균열은 광장에 일렁인 무지개 물결로 이어졌다. 더 나은 세상을 꿈꾸는 마음이 순부 같은 이들을 거쳐 다음 세대로 전해지는 모습을 지켜보며 언젠가 내 심장을 뛰게 한 장면들을 떠올린다. 세상을 바꾸는 데 작

은 힘이라도 보태겠다는 이들이 지닌 선한 의지를. 한 사람
이 내는 작은 목소리가 모여 마침내 함성이 돼 하늘을 울리
고 지축을 흔들던 순간을.

"지역에서 지역 문제에 집중하고 싶어요"

'경상도 말벌' 운영자 황승유

황승유 고졸 페미니스트 성소수자 쌍도 사람입니다(노조에 취업하는 바람에 비정규 노동자는 아니게 된). 해일이 몰려와도 조개를 주우며 살고 있습니다. 파도가 치면 밀려가고 말 조개가 우리의 삶이기 때문입니다.

지난겨울 진주시청 앞에서 열린 윤석열 퇴진 집회. '진주에 사는 2030 청년 황승유'라고 자기소개를 한 사람이 진주 시민들 앞에서 '남태령' 이야기를 꺼냈다. 2024년 12월 가장 추운 동짓날에 농민과 여성 청년을 비롯해 여러 사람이 힘을 합쳐 경찰 차벽을 연 이야기. 승유는 남태령 때문에 자기가 '변했다'고 했다. 남태령을 고리로 계속 이어지는 연대를 경험하면서 말로 할 수 없을 만큼 기뻤고, 처음으로 우리에게 세상을 바꿀 힘이 있다고 느낀 그 밤을 잊을 수 없다고 외쳤다.

우연히 본 동영상에서 승유는 '투쟁' 대신 진주 사투리 '에나'로 인사를 건넸다. '차 뺐다'와 '이겼다'를 기뻐하면서 농민들하고 행진한 기억을 사랑하는 진주 시민들이랑 함께 나누고 싶다고 했다. 1862년 진주농민항쟁을 다룬 정동주의 소설 《백정》을 이야기하면서 농민 운동의 성지인 진주를 향한 애정도 드러냈다.

진심에서 우러난 한 마디 한 마디가 인상 깊어서 잊히지 않았다. 승유는 보수적인 도시로 알려진 진주에서 유일하게 무지개 깃발을 든 성소수자이기도 했다. 추석 연휴를 앞둔 9월 끝자락에, 촉석루와 유등 축제로 유명한 진주성 앞에서 승유를 만났다. 남태령과 윤석열 퇴진 운동을 겪은 뒤 승유는 '경상도 말벌'(엑스 활동명 '갱상도 말벌') 운영자로 활동하고 있다. 지역에서 활동하는 말벌 시민이 궁금하던 내게 답을 준 사람이 바로 승유였다.

"서울에서만 보던 응원봉 부대가 우리한테도 왔다"

"남태령 이후에 고민을 많이 했어요. 서울에서는 어디에 투쟁이 있으니까 와 달라고 요청하고 서로 소식 전하는 게 되게 자연스러운 일이 됐잖아요. 왜 지역은 저렇게 안 될까, 지역에서도 연대 활동을 할 수 있지 않을까 하고요. 그래서 제가 경상도 말벌이라는 조직을 만들어서 트위터를 기반으로 지역 친구들과 함께 활동하고 있어요. 멤버는 대구, 부산, 창원, 진주 등 경남과 경북 전역에 흩어져 있어요. 저희가 제일 먼저 했던 일은 여기저기 전화하고 우리가 찾아가도 되는지 묻는 거였어요. 그렇게 알게 된 소식을 트위터에 올렸죠."

또 트위터, 엑스다. 동짓날 남태령에 모인 그 많은 사람도 엑스 덕분이었다. 요즘 청년들의 운동과 연대는 상당수가 엑스를 기반으로 삼는다. 승유는 엑스를 쓰는 이유로 '익명성의 편안함'을 들었다. 휴대폰 연락처에 연동되는 페이스북은 지인 네트워크가 기반이지만 엑스는 서로 모르는 사람끼리 얼마든지 자유롭게 글을 올릴 수 있다. 게다가 대부분 실명이 아니라 활동명을 사용한다. 트위터 시절부터 덕질을 하는 덕후가 많아서 자연스레 그런 분위기가 형성됐다.

'익명성의 편안함'은 거꾸로 칼이 돼 돌아오기도 한다. 내가 만난 청년들이 엑스에서 이른바 '2찍'들이 퍼붓는 혐오 공격 때문에 곤욕을 치르는 모습을 종종 봤다. 엑스에서는 함부로 악성 댓글을 달고 비방과 욕설을 해도 상대가 누구인지 알 수 없기 때문이다. 청년 세대에 만연한 혐오는 이런 온라인 환경을 타고 더 크게 번진 듯했다. 엠지 세대가 대체로 선호하는 익명성에 내재한 양면이다.

"첫 시작은 1월이었어요. 대구 성서공단의 태경산업이라는 작은 업체에서 일부 노동자들이 파업을 하고 있었는데, 파업 노동자들이 월급 명세서를 받아 보니까 명세서가 마이너스로 돼 있더래요. 금속노조에서 일하는 청년 활동가가 트위터에 그 마이너스 월급 명세서 사진을 올린 걸 보고 연락을 해서 가게 됐죠. 처음 가던 날 우리 중 한 사람이 응원봉을 들고 갔는데, '서울에서만 보던 응원봉 부대가 우리한테도 왔다'면서 노동자들이 되게 기뻐하셨던 것이 생각나요. 거기는 작은 투쟁 사업장이고, 너무 외롭게 싸우셨던 거예요."

태경산업 파업 연대는 경상도 말벌이 본격적으로 활동하게 된 기폭제였고, 청년 말벌들은 여전히 이곳을 찾고 있다. 2025년 1월 1일 초단기 노동 계약에 시달리던 경비 노동자가 사망한 창원컨벤션센터 유가족 농성장도 찾아갔다. 농성장을 찾은 청년은 처음이라며 환대를 받았다. 농성하는 유가족은 승유보다 어린 여성 청년이었다. 무거운 주제라서 찾아가도 될까 고민하던 마음은 사라지고 '오기를 잘했다'는 생각이 들었단다.

지역에서 벌어지는 투쟁을 더 알리고 싶다는 바람 하나로 시작한 일이었다. '갱상도 말벌'이 꾸준히 활동하자 먼저 연락을 주는 곳도 생겨서 그렇게 모인 소식을 엑스에 업데이

2024년 12월 22일 오전 8시 50분, 승유가 찍은 남태령 집회.

트한다. 승유가 당원으로 있는 정의당이 연대하는 현장을 찾아가기도 하고, 부산 서면시장이나 울산 이수기업 해고 노동자들이랑 꾸준히 연대하는 이들도 있다. 요즘에는 새로운 얼굴보다는 오던 사람이 계속 오는 편이다. 민주노총 대구본부 산하 달곰이지부 같은 노동조합 준지회에 들어가 활동하는 청년도 있다.

"이 광장을 우리가 만들고 있다는 느낌을 받았죠"

"남태령 이후 지역에서 한 활동이 하나 더 있죠. 무지개 깃발이요. 진주에서 유일한 무지개 깃발이었다고 들었는데, 대단한 용기를 냈다고 생각했어요. 어려움은 없었어요?"

"어려웠죠. 그런데 저는 서울에 살다가 이곳에 내려왔고, 부모님도 여기 안 사시고 아는 사람도 많지 않아서 그렇게 할 수 있었던 것 같아요. 결국 진주에서 개인 깃발은 끝까지 저 혼자였지만, 얻은 게 없지는 않았어요. 저에게 몰래 와서 나도 성소수자라고 말하고 가시는 분들이 몇 분 있었어요. 저 때문에 용기 내서 집회에 나온다고요. 성소수자는 자기가 혼자가 아니라는 걸 아는 게 중요한 것 같아요. 성소수자가 아닌 분들은 내 주변에도 성소수자가 있다는 것을 아는 게 중요하고요."

꽤 긴 시간이 흐른 지금도 승유는 남태령 이야기만 나오

2025년 3월 말 2차 남태령 시위 때 승유.

면 아직도 가슴이 벅차오른다고 했다.

"그날 남태령을 간 건 친구들 때문이었어요. 밤에 트위터를 봤는데 친구들이 다 남태령에 가 있는 거예요. 트위터에서 영화 덕질을 하다 만난 성소수자 친구들이죠. 추우니까 집에 들어가라고 했는데, 자기들이 없어지면 경찰이 와서 진압할까 봐 무섭다면서 춥다고 덜덜 떨면서도 안 가는 거예요. 그러면 내가 첫차를 타고 갈 테니까 그때까지만 버텨 봐라 했죠. 막상 도착하니까 친구들은 춥다고 다 들어가서 얼굴도 못 봤어요. 하하하."

몇 달 전 만난 대학생 채연이 한 말이 생각났다. 춥고 긴 밤을 보내고 난 아침 남태령역에 밤새 현장 상황을 에스엔에스로 지켜보다가 첫차를 타고 온 사람들이 끊임없이 내리던 얘기. 돌아가는 사람들하고 하이파이브를 하며 '이제 우리가 있겠다'고 말하는 모습이 꼭 배턴 터치처럼 보이더란다. 그런 모습을 보면서 채연은 이제 내가 여기 없어도 되겠다는 생각이 들더라고 했다. 그러니까 승유처럼 첫차 타고 달려온 사람들이 뒤를 지켜 주리라는 믿음.

"그때까지는 광장이 내 것이라는 생각을 해 본 적이 없었어요. 집회를 주도하시는 분들은 보통 기성세대이고 우리는 가서 머릿수 채우다 오는 게 전부였는데, 그때 처음으로 이 광장을 우리가 만들고 있다는 느낌을 받았죠. 남태령이 특별했던 것은 '나를 숨기지 않아도 되는 장소'였다는 거예요. 성소수자도 취약 계층 청년도 모두가 자기를 드러내고

2025년 3월 8일 서울에서 열린 '세계 여성의 날' 집회에 참석한 승유. 금속노조 조끼와 무지개 깃발
과 보라색 머리띠가 화려하다.

이야기를 하고, 다른 사람들은 진심으로 그 얘기를 들어 줬죠. 다른 현장들도 그런 분위기가 될 수 있으면 좋겠다는 마음으로 그 뒤에도 이곳저곳 연대 활동에 참여하고 있어요."

승유에게 남태령이 더욱 특별해진 이유는 그 뒤에 이어진 인연들 때문이다. 결집된 힘으로 마침내 경찰 차벽이 열리는 승리를 경험한 농민들은 대통령 탄핵 심판이 지연되던 3월 말에 또다시 트랙터 행진에 나섰고, 2차 남태령이라 불린 이때 승유는 진주 농민들하고 함께 현장을 지켰다. 1차 남태령 때는 모르던 이들은 진주에 돌아온 뒤 비로소 서로 알게 됐다. 남태령을 겪은 진주 농민들이 여성 청년들을 더 알고 싶다며 세계여성의 날 기념 '3·8 진주여성대회'에 참석한 덕분이었다.

"그때 정말 기뻤죠. 농민들은 대체로 연세도 많고 변하기 어려운 분들이라고 생각했는데. 조금씩 서로를 알아 가려는 노력이 소중하게 느껴지고, 남태령의 정신이 이렇게 연결되는 것 같았어요."

"공통점이 전혀 없어 보이는데 이렇게 연대가 되잖아요"

사람들이 남태령을 잊지 못하는 이유도 이것일지 모른다. 서로가 제각기 다른 존재라는 것을 있는 그대로 받아들이고, 아무 조건 없이 손잡아 힘을 합쳤다는 것. 함께 있어 주는 것

만으로 서로를 고마워하고 소중하게 여겼다는 것.

남태령에 연대해 준 소수자들에게 감사를 표하려고 농민들이 서울에서 열린 퀴어문화축제에 처음 참가한 일이 떠올랐다. 한승아 전여농 정책위원장은 기자 회견에서 '차이가 차별이 되지 않는 평등한 세상'을 만들기 위해 늘 소수자로 살아온 농민이 '조건 없는 연대'를 보여 주겠다고 밝혔다. 승유가 눈을 반짝였다.

"혹시 〈런던 프라이드〉라는 영화 보셨어요? 1980년대 영국 광부들의 파업에 성소수자가 연대하는 실화 기반 영화거든요. 남태령을 겪으면서 그 영화가 생각나더라고요. 여태까지 농민과 성소수자는 서로 볼 일도 없는 사람들이었잖아요. 그런데 지금은 동지가 된 거죠. 남태령에 가는 게 이제 우리 일이 되어서 그런 거고, 농민들이 퀴어 퍼레이드에 와 주시는 것도 같은 이유겠죠. 겉보기에 농민의 약자성과 성소수자 약자성은 공통점이 전혀 없어 보이는데 이렇게 연대가 되잖아요. 그래서 연대라는 게 참 신기한 것 같아요."

남태령은 약자들의 연대를 통해 승리를 얻어 낸 곳이기 때문에 더욱 의미가 깊다. 늘 지기만 하던 농민과 소수자 시민에게 승리하는 경험이 중요하지 않겠느냐고 승유는 말했다. 승유는 차벽이 열리고 다 함께 '이겼다'를 외치며 행진하는 모습을 영상으로 찍어 진주 농민에게 전달했다. 혹시라도 힘들 때마다 보시라고. 트랙터 위에서 사진도 찍었다. 사진이 정말 찍고 싶어서 트랙터에 올라타도 되느냐고 어느 농민에게 물으니 흔쾌히 허락했다. 사진을 찍고 내려오니 다음 사람이 줄 서서 기다리고 있었다. 알고 보니 그 농민은 트랙터 주인이 아니었다. 곧 돌아온 주인은 어느새 포토 스폿이 된 자기 트랙터를 보고 흐뭇해했다고.

"남태령 이후로 라이더유니온이랑 연대하게 됐어요. 남태령에서 라이더들이 차벽을 뚫고 들어와서 우리에게 음식을 가져다주셨거든요. 경찰 도시락이라고 둘러대기까지 하면서요. 그 이후에 제가 라이더유니온에 연락해서 연대할 수 있는 방법을 물었는데, 후원도 안 받으시더라고요. 그래서 1월에 라이더유니온이 상경 투쟁을 할 때 저와 친구들이 트위터에 알리고 서울 배달의민족 본사 앞에 올라가서 함께했죠."

"지역에서 지역 문제에 집중하고 싶어요"

승유는 라이더유니온을 9월 부산에서 열린 기후정의행진에서 다시 만났다. 부산, 울산, 창원에서 온 라이더유니온 사람들은 승유를 알아보고 몹시 반가워했다. 집회에 함께한 적 있다는 이유만으로 자기를 기억하는 이들이 고마웠고, 한 사람이 내미는 손길이 결코 작지 않다는 사실을 다시 한 번 깨달았다고. 그래서 승유도 라이더유니온 명함을 잔뜩 받아 와 만나는 사람마다 나눠 준단다. 나도 받았다.

승유는 부산과 진주 등 경남 지역 청년들이 모여 만든

2025년 9월 27일 부산 기후정의행진에 참가한 승유가 찍은 푸른 하늘.

'정의로운 전환을 향한 도약'(정전도약)에서 활동하고 있다. '정의로운 전환Just Transition'이란 화력 발전소를 폐쇄한 뒤 이어질 에너지 전환 과정을 기후 정의에 맞춰서 진행하자는 운동이다. 국제 협약에 따라 탄소 발생량을 감축해야 해서 충청남도 태안과 경상남도 하동 등에 자리한 화력 발전소를 순차적으로 폐쇄해야 하는데, 이 과정에서 발생하는 환경과 노동, 지역 문제를 다 함께 다루자는 주장이다. 승유와 동료들은 기후정의행진에서 부스도 운영했다.

"이 중에서 가장 큰 이슈인 노동 문제는 전국의 화력 발전소에 근무하는 6000여 비정규직 노동자들의 고용 승계 문제인데, 이를 둘러싸고 환경 단체와 노동 단체 간 대립이 팽팽해요. 지역 문제도 중요한 이슈죠. 발전소는 주로 바다를 낀 소도시에 위치하기 때문에 발전소 하나가 문을 닫고 노동자와 가족들이 모두 떠나면 그곳은 유령 도시가 될 가능성이 커요. 저는 앞으로도 지역에 머물면서 지역 운동을 계속해 보고 싶어서 정의로운 전환 문제를 외면할 수가 없더라고요."

많은 이들이 짐작하는 대로 지역 청년에게 가장 큰 문제는 일자리다. 청년은 대학을 졸업하면 지역을 떠난다. 그러니 청년 운동도 지속되기가 어렵다. 지역은 사회운동을 하는데 조심스럽고 힘든 면도 있다. 서울은 집회에 가면 완전히 익명이 될 수 있으니까 참여도 발언도 자유로운데 지역은 다들 아는 사이라서 눈치가 보인다.

그래도 승유는 지금 사는 곳에 계속 머물고 싶다. 유년 시절에 떠나 서울에서 10여 년 산 적은 있지만 경상도에서 태어나 자란 경상도 사람이기 때문이다. 사랑과 애착을 느끼는 지역에 살며 삶을 가꾸고 청년 운동을 하고 싶어한다.

"운동판조차 서울 중심적인 경향이 있는데, 저는 그것에 문제의식이 좀 있어요. 어떤 이슈가 있어서 집회를 열게 되면 '서울로 모이자'는 게 흔한 구호거든요. 지방의 입장이나 목소리는 잘 반영이 안 돼요. 서울에서 지역에 일일이 의견 물어서 정하는 게 아니거든요. 그냥 서울 집중으로 정해지면 지역에서는 버스 대절해서 올라가야 하는 거예요. 저는 지역에서 지역 문제에 집중하고 싶은 마음이 있어요."

요즘 승유는 청년 문제를 풀 해법을 고민한다. 말벌들이 다른 사람들 싸움에 가서 연대는 잘하는데 청년 당사자 문제에는 미처 대응하지 못하고 있지 않은가 싶은 탓이다. 청년은 점점 불안정해지는 고용 상황에, 플랫폼 노동이 등장하면서 노동자 권리 찾기가 더욱 어려워지는 세상에 맞서야 하는 당사자다. 해고 노동자를 돕는 연대도 중요하지만 당장 자기 삶과 노동 조건을 개선하는 문제도 중요하니 말이다.

동지로 여기던 이가 눈앞에서 고공 농성을 하고 재판에서 거액 손해 배상 판결을 받으면 가만히 보고 있을 수만은 없다. 그렇지만 해고 노동자는 계속 생기고 고공 농성은 또 벌어질 텐데 그런 곳만 쫓아다니느라 청년이 소모되지는 않으면 좋겠다고 승유는 말했다. 우리 싸움은 어떻게 해야 할까. 엑스에서 가끔 이야기를 꺼내 보지만 지역 청년들이 직면한 특수성을 서울 청년들은 공감하지 못한다는 느낌을 받을 때가 많았다.

"그래도 청년 조직화를 포기할 수는 없을 것 같아요. 막상 하려니 쉽지는 않지만요. '야, 우리 노동 운동 하자!' 이러면 부담스러워 하는데, 그냥 '같이 연대 다녀 볼래? 이거 해 볼래?' 하면 참여하려는 사람들이 있어요. 경상도 말벌이나 정전도약 활동도 그 연장선상에 있죠."

승유는 세월호에 탄 단원고 학생들이랑 동갑이다. 스무 살이 되자마자 박근혜 탄핵을 겪었고, 20대의 마지막을 윤석열 탄핵으로 끝냈다. 2016년 강남역 살인 사건과 페미니즘 리부트 흐름을 보면서 사회운동에 본격적으로 관심을 기울이게 됐다.

페미니즘 운동이 다 그렇지는 않아도 여대 중심으로 흘러가는 경향이 있어서 대학에 안 간 승유는 소외감이 들기도 했다. 친구들이 대학 이야기를 하거나 여성학 교수를 화제로 올릴 때면 더 그랬다. 그러다가 남태령을 겪은 뒤에는 꼭 대학을 가서 학생 운동을 하지 않더라도 다른 방식으로 청년 운동을 할 수 있겠다고 생각하게 됐단다.

남들이 대학에 다니는 시간에 승유는 일을 했다. 편의점, 카페, 택배, 플랫폼 노동 등을 한 경험 덕분에 청년 노동 현실을 고민할 수 있었다. 지금은 잠시 실업 급여를 받고 있지만 성급하게 취업하기보다는 활동가가 돼 노동 운동을 하고 싶다고 했다.

"우리 앞 세대는 공장에 취업하면 노조에 들어가는 게 당연한 거였다고 하시던데, 저희는 정말 모르는 얘기거든요. 노동조합이란 게 내 얘기가 될 거라고 생각해 본 적이 없었으니까요. 공무원이 된 친구들이 노조에 가입하는 모습을 간혹 보기는 했지만, 그 외에 알바 노동이나 플랫폼 노동을 하는 청년이라면 노동조합은 상상도 못 해 봤을 거예요. 어떻게 하면 노조가 우리의 것이 될 수 있을까, 청년을 어떻게 노조로 데려오고, 반대로 노조를 청년을 위한 것으로 만들 것인가를 고민해 보고 싶어요."

"'응원봉 부대 예쁘다'로 끝나지 않으면 좋겠어요"

윤석열 퇴진의 주역이 2030 여성과 소수자라는 사실은 아무도 부정할 수 없기 때문에 승유는 이재명 정부가 출범한 뒤 많이 바뀔 것이라고 잠시 기대한 적도 있다. 그렇지만 보수적인 정치 관행은 굳건했고, 현실은 기대에 미치지 못했다. 청년 대상 토크 콘서트에서 '여자가 여자를 미워하는 건 이해가 되지만 여자가 남자를 미워하는 건 이해가 안 된다'고 말하는 대통령은 실망스러웠다. 페미니즘이나 한국 사회에서 벌어지고 있는 젠더 갈등을 기본적으로 이해하지 못한 발언이기 때문이었다.

"엠지 세대도 선배 세대가 우리의 애기를 들어 주기를

바라고 소통과 대화를 원하거든요. 가령 '너희는 평등 수칙
에 어떤 게 들어갔으면 좋겠어? 만약 누군가 그걸 어기면 어
떻게 했으면 좋겠어?' 같은 것들을 먼저 다가와 의논하고 대
화해 주면 좋겠는데, 안 하시더라고요. 멋있다고 박수만 쳐
주실 뿐."

당사자가 아니면 결코 알 수 없는 것이 있다. 그래서 당
사자성이 중요하다. 광장의 목소리가 정치에 전달되지 못하
게 막는 벽은 여전히 두꺼웠다. 광장에서 활동한 청년 승유
가 기성세대에게 바라는 것은 '소통'이었다.

"왜 우리가 정치에 관심 없다고 생각하실까요? 쟤네는
어디 있다가 나왔느냐고 이번 광장에서 관심을 많이 받았는
데, 사실 박근혜 퇴진 운동 때도 저희는 있었거든요. 그냥 있
는 정도가 아니라 굉장히 많았거든요. 그때는 이슈가 안 됐
는데. 그냥 '응원봉 부대 예쁘다'로 끝나지 않았으면 좋겠어
요. 어떻게 같이 운동하고 어떻게 좋은 전통을 물려주고 젊
은 세대가 운동하기 좋은 환경을 만들어 줄지 선배들이 같이
생각을 해 주면 좋겠어요."

지금까지 만난 엠지들이 그렇듯 허투루 들을 말이 하나
도 없었다. 지역 이야기를 하다가 원도심을 몰락시키는 신도
시 개발이 문제라는 데 의견이 일치해 진주의 신도시와 아산
의 신도시를 비교하기도 했다. 서울 기후정의행진에 참가하
려고 전북과 충남에서 시민단체가 기차 한 량을 대절한 이야
기를 하니 태안 화력 발전소 폐쇄가 눈앞인데 오히려 서울에

연대와 환대는 지역과 업종을 뛰어넘어 확장된다. 대구 성서공단 태경산업 연대 집회에서
만난 바닥 그림.

서 내려가야 맞지 않겠냐고 지적하기도 했다.

세상의 모순과 우리 사회의 문제를 대체로 정확하게 꿰고 있고 동시대를 살아가는 청년 세대의 앞날을 진지하게 고민하는 승유가 남태령을 이야기하다가 문득 물었다.

"연대란 뭘까요?"

도리어 내게 그런 질문을 던지는 마음을 가만히 들여다보고 싶었다. 마음속에서 굴리기만 하던 답을 나도 이제야 던진다. 연대란 사랑이다. 그 추운 밤 오로지 낯 모르는 존재를 서로 지키기 위해 하나로 뭉친 시간을 경험하고 난 뒤 다른 곳에도 그런 경험이 널리 퍼지기를 바라서 연대가 필요한 곳을 찾아다닌다는 승유의 마음속 동력도 사랑이다. 주변에 있는 약자와 자기가 속한 세대를 위해 싸우려 하지만 아무도 대상화하거나 적으로 돌리지 않는 마음. 노인이 보수적이라는 편견이 있지만 경상도에서 열린 집회에 나온 어르신이 많듯 청년이 힘든 일을 싫어한다거나 정치에 무관심하다는 오해도 자기가 속하지 않은 집단은 다 한 덩어리로 보는 편견 탓 같다는 말도 기억에 남았다. 몰이해와 무지에서 비롯되는 혐오를 넘어설 방법이 승유가 한 말들 속에 있었다.

온양온천과 충무공동, 지역에 사는 '우리'들

"그런데 트위터는 아시죠?"

'갱상도 말벌' 동료들을 엑스로 만난 과정을 설명하던 승유가 문득 물었다. 처음 마주 앉아 얼마 되지 않은 무렵이었다. 우리는 110년 된 진주 천황식당에서 첫 끼니인 점심 겸 저녁을 먹는 중이었다. 나는 육회비빔밥을 시켰고, 고기를 되도록 먹지 않는 승유는 진주냉면에 고명으로 나온 육전을 비빔밥 그릇에 덜어 줬다.

승유는 엑스라는 이름을 되도록 쓰지 않으려 했다. 트위터를 인수한 일론 머스크가 이용자 의견을 반영하지 않은 비민주적 운영 방식에 따라 바꾼 이름이기 때문이란다. 이런 운영 방식에 반대하는 사람들은 아직도 트위터로 부른다고 했다.

"아니, 내가 왜 트위터를 안 할 거라고 생각하세요?"

나도 모르게 반문이 튀어나왔다. 어쩌면 소심하게 발끈했는지도 모르겠다. 젊은이랑 마주 앉아 나이 먹은 사람으로 취급받고 싶지는 않았지만, 어쩔 수 없이 그렇게 보이겠구나 싶었다. 그런데 승유가 헤어질 무렵에 씨네큐브광화문에서 열리는 영화제에 옛날 홍콩 영화를 보러 간다고 해서 좀 놀랐다. 그러고 보니 승유가 에스엔에스에 쓴 자기소개가 '나보다 나이 많은 영화 좋아하는 씨네필'이라는 사실이 떠올랐다. 씨네필이 무슨 뜻인지 검색까지 했으면서. 1990년대 후반생인 승유보다 나이 많은 영화라면 내가 10대 시절에 본 영화들일 테다. (장궈룽이 아니라) 장국영의 우수 어린 눈빛과 (저우룬파가 아니라) 주윤발의 박력 넘치는 액션에 홀딱

빠져 영화를 본 때가 나도 있었다. 극장 앞에 줄 서서 예매하고 가는 곳마다 비디오 대여점과 비디오방이 있던 영화의 황금기였다. '이 친구가 그 시절 감성을 안다는 말이지.' 잠시 느낀 서운함이 스르르 녹아내렸다.

내가 케이티엑스를 타도 진주가 생각보다 멀더라고 불평했더니, 승유는 기차 노선이 대구를 거쳐 돌아오게 놓인 탓이라고 설명했다.

"충청도는 대구랑 완전 반대쪽이잖아요. 직통으로 오면 훨씬 빠를 텐데, 교통이 참 불편하게 돼 있죠."

"그러네요. 근데 어쩔 수 없잖아요. 이제 와서 철도를 다시 놓을 수도 없을 테고."

"놓아야죠. 철도가 오로지 수도권 중심적이고 서울 가는 것만 편하게 돼 있잖아요."

반박할 말이 없었다. 청년 당사자이자 지역민으로서 자기 생각을 솔직하게 드러내는 태도는 '나'를 떠난 거대 담론이 아니라 스스로 발 딛고 선 현실에서 출발한다는 인상을 받았다. 식사를 마치고 카페를 찾아 시장통을 함께 걷는데 쇼윈도가 텅 빈 가게들이 눈에 들어왔다. 낯설지 않다. 요즘은 어디를 가나 비슷한 풍경을 만난다. 지방 도시에 사는 사람들에게는 익숙한 일상이다. 아니나 다를까 승유도 나처럼 빈 가게들에 눈길이 머문다.

그러고 보니 우리는 지역에 사는 사람인데다 거주지를 옮겨 다닌 이주민이기도 했다. 나는 스무 살부터 서울에서

20년을 넘게 살다가 충청남도 아산에 내려와 살고 있는데, 스무 살 이전에는 전라북도 전주에서 살았다. 승유도 초등학교 때 부모님을 따라 서울에서 10여 년을 살다가 다시 고향 근처로 내려왔다.

내가 살고 있는 온양온천은 부모님이 신혼여행을 다녀간 곳이다. 그 말을 들은 승유는 놀라워했다. 1970년대에 택시를 대절해 온천 관광지로 떠나는 신혼여행은 최고의 호사였다. 이제 온양온천은 옛날 모습을 찾아볼 수 없다. 처음 이사 온 때는 꼭 이상한 나라에 온 앨리스가 된 기분이었다. 거리에 나서면 어김없이 외국어가 들렸다. 베트남어, 태국어, 중국어, 몽골어, 러시아어 등 알아들을 수 없는 말들.

온양온천 주변에는 대부분 노인과 이주 노동자가 산다. 근처 배방 신도시나 천안 불당 신도시에 새로 지은 아파트로 사람들이 빠져나간 원도심에는 낡은 집과 노인이 남았다. 그리고 이주 노동자들이 들어왔다. 아산에는 현대자동차와 삼성전자 등 대기업과 하청 업체 공장이 많고, 그곳에서 일하는 이주 노동자도 많다. 그중 상당수가 온양 구도심에 몰려 사는데, 주거비가 싸고 공동체를 형성하기도 좋기 때문이다.

한때 온천 관광객들이 꼭 들르는 관광 코스이던 온양온천시장을 오가는 사람도 절반 넘게 이주 노동자다. 시장 안 채소 가게는 고수를, 빵집은 반미에 쓰는 바게트를 판다. 동남아 식자재와 쌀국수를 파는 상점도 여럿이다. 이주민이 없으면 구도심 상권은 돌아가지 않는다. 내가 사는 집 바로 앞에는 조선족과 중국인이 차린 양꼬치구이 전문점이 즐비한 거리가 있다.

승유는 진주의 신도시 충무공동 이야기를 했다. 충무공동은 임진왜란 때 진주대첩을 승리로 이끈 김시민 장군의 호를 딴 지명이다. 2025년 대선 때 진주시 30개 읍면동 중에서 유일하게 이재명 후보 득표율이 높게 나온 곳이란다. 신도시는 보통 젊은 사람이 많이 거주하니까 당연한 결과일 수도 있지만 충무공동에 사는 젊은 사람들은 진주 사람이라고 보기 애매하다고 승유는 설명했다. 대학 입시에서 지역 거주 혜택을 받으려고 서울에서 일부러 이주한 사례가 많다고 했다. 주중에는 진주에서 지내고 주말에는 서울 생활을 하다 대학 입시가 끝나면 다시 서울로 갈 사람들인데 이런 신도시가 정말 답이겠냐고 승유는 물었다.

'한강의 기적'이 대표하는 토건 신화는 여전히 건재하다. 막대한 개발 이익은 극소수가 독차지하고, 대다수는 '똘똘한 한 채'를 목표로 허리띠를 더 졸라맨다. 지방에서 수도권으로, 수도권에서 서울로, 서울에서 상급지로 올라가는 사다리를 오르려 한다. 대대로 정붙이고 살아온 구도심이 피폐해지고 파괴되는 산과 강은 덤이다.

서울에서 산청으로 내려온 부모님이랑 함께 살다가 집을 나와서 혼자 지내는 지금이 행복하다고 승유는 말했다. 부모님이 공무원 시험을 보라고 채근한다는데, 나도 젊은 시절 고향 집에 전화할 때마다 수화기 너머 듣던 말이다. 부모님

바람이 무색하게 승유는 얼마 전 꿈꾸던 대로 노동조합에서
새 일을 시작했다. 에스엔에스에는 산뜻하게 머리를 자르고
염색한 새 프로필 사진이 올라왔다. 집회에 참석한 승유가
주먹을 들어 보이며 환하게 웃고 있었다.

인터뷰를 끝내고 나서 비상계엄과 남태령 대첩 1주년에 즈음해 세 가지 질문을 공통으로 던져 답을 받았다. 엠지 세대들이 전한 광장 후일담이다.

▶ 비상계엄과 남태령 대첩이 이제 1년 전 일이 됐습니다. 지금 어떻게 지내시나요?

▶▶ 지난겨울에서 봄 사이에 우리는 초유의 계엄 사태와 유례없이 길게 이어진 광장을 겪었죠. 우리는 모두 깨어진 일상의 회복을 간절히 바랐어요. 이제 일상으로 돌아와 각자의 삶을 살고 있지만, 계엄 이전의 나와 계엄 이후의 나는 어떻게 달라졌나요?

▶▶▶ 요즘 당신을 가장 바쁘게 하는 일은 무엇인가요?

후주

▶ "비슷합니다. 윤석열 퇴진이 되고 나면, 대선이 끝나면, 가을이 되면, 겨울이 오면 한가해지겠지 했지만, 결국 한가하고 여유로운 시간은 오지 않았습니다. 여전히 일정이나 할 일들이 많고, 오히려 점점 더 많아지는 것 같기도 합니다. 덕분에 생업인 농사는 어머니께서 많이 도와주고 계시고, 저는 주로 서울과 지역을 오가며 활동을 지속하고 있습니다."

▶▶ "서울에 마련한 작은 거처에서 주로 지냅니다. 학생 시절에도 오래 자취를 했었는데, 얼마 전부터 오랜만에 1인 가구 자취 생활로 돌아왔습니다. 저의 반려묘인 삼색 고양이 무늬와 함께 살고 있습니다. 7시 전후 알람이 울리거나 무늬가 깨우면 일어납니다. 일정이 있으면 일정을 소화하고, 일정이 없으면 집안일을 하거나 휴식을 취하고, 밀린 공부와 작업을 합니다. 독서가 취미라서 작업과 취미 생활을 같이 할 수 있다는 점은 다행인 것 같습니다. 다만 영화를 보거나 여행을 가거나 공연을 관람하는 등 다른 취미 생활은 좀 어려워졌습니다. 가사 노동은 대부분 제가 직접 합니다. 자취를 오래 했기 때문에 능숙합니다.

힘든 점은 여전히 청산되지 않은 국내 정치의 혼란, 내란 상황과 전세계적인 극우화, 정치적 위기 등 심란한 뉴스들을 볼 때 느끼는 답답함과 분노, 쉽게 변하지 않는 수구적이고 경색된 사회, 심해지는 기후 위기 등 나쁜 현실들에서 느끼는 부정적인 감정입니다. 활동에 몰입하다 보니 소원해진 인간관계, 포기해야 하는 본업과 개인적인 즐거움, 취미, 평안한 일상 등 잃어버린 것들이 종종 아쉽기도 하고, 달라진 생활이 힘들고 벅차기도 합니다. 에너지가 부족해 운동 부족 상태가 되기도 했습니다. 하지만 새로운 생활에서 느끼는 즐거움과 보람, 기쁨, 적성에 잘 맞고 내가 잘하는 분야에서 내 능력을 사용한다는 효능감이 그 부분을 충분히 상쇄하고, 새로운 사람들과 함께 어울리며 배우고 활동하는 과정에서 느끼는 즐거움도 큽니다."

▶▶▶ "새 정부 농업 정책과 관련한 일정이 많으면 일주일에 두세 개씩 연달아 있을 때도 있는데, 제가 청년이고 여성이고 유기농을 지속하는 농부라 여러 분야가 겹치기에 더 그런 것 같습니다. 정치권과 각종 기관 등에서 주최하는 회의와 토론회, 간담회, 포럼 등 다양한 행사에 패널로 참석하고, 남태령과 관련해 기획했던 프로젝트를 준비하거나 원고를 쓰고, 강연, 집회, 모임, 연대 현장 등 여기저기 다니고 있습니다. 남태령에서 만난 동지들과 작은 책 모임을 하고 있는데, 여기서 책을 읽고 공부도 하고 있습니다. 이외에도 광장을 통해 만난 다양한 사람들과 교류하고 함께 프로젝트를 기획하거나 서로를 응원하며 힘을 얻습니다. 남태령 아카이빙 프로젝트의 일환으로서 단행본을 만들고 있으며, 더 넓은 범위의 기록도 함께 진행하고자 합니다.

최우선 프로젝트는 곧 다가올 남태령 1주기, 2025년 12

월 21일에 남태령 심포지엄 2회를 개최하는 것입니다. 심포지엄의 딱딱한 형식을 내세우지 않고, 지난 남태령 대첩을 기억하는 세리머니와 함께 그동안 보고 싶었던 사람들을 다시 만나고 안부를 묻는 따뜻한 자리가 되도록 기획 중입니다. 더불어 남태령 정신을 널리 알리기 위한 여러 가지 활동을 홍보하는 기회가 되도록 준비하고 있습니다. 남태령 1주기 행사 이후에는 다시 원고 작업과 큼직한 프로젝트들에 집중할 예정입니다."

당근

▶"인터뷰했을 때와 비슷하게 지내고 있어요. 아직도 취업 준비를 하고 있고, 이곳저곳에 연대하며 이런저런 활동을 하고 있어요. 그때와 달라진 것이라면 연대하는 곳이 좀 더 많아졌고 더 다양한 활동을 하고 있다는 거예요. 이랜드, 좋은책 신사고, 기아차 화성공장, 카라 노조 등 인터뷰에서 말했던 것보다 더 많은 곳에 연대하고 있어요. 9월에는 카라 노조를 후원하는 플리 마켓을 열었고, 지역에서 퀴어 퍼레이드가 열리면 지혜복 선생님에게 후원하기 위한 부스를 신청해서 운영하고 있어요."

▶▶"여전히 취업 준비를 하고 있기에 가족들과 함께 살고 있어요. 계속해서 늘어나는 시위 용품으로 방 정리가 조금 어

려워졌어요. 여전히 트위터를 사용해 투쟁 소식과 사회 소식을 전해 듣고 있어요. 원래 유튜브를 잘 안 보는 편인데 《스튜디오 알Studio R》 같은 투쟁 관련 채널을 구독하니 알고리즘이 대부분 투쟁 관련 영상으로 바뀌었더라고요. 삶에서 가장 크게 바뀐 것은 예전엔 생각하지 못했던 것을 보고 느끼게 된 거예요. 최근에 친구가 오랫동안 해온 영화관 알바를 그만두었는데, 알고 보니 영화관을 위탁 운영으로 바꾸면서 기존 노동자들을 대부분 해고했다고 하더라고요. 그 얘기를 들으니 광장에서 함께 투쟁했던 노동자들이 생각났어요. 그래서 친구에게 기존 직원들의 고용 승계는 되었는지, 퇴직금은 받았는지 등을 물어봤어요(원하는 직원들에 한해서 고용 승계를 해 줬다고 들었습니다). 일하다 부당함을 겪은 친구들이 종종 저에게 연락해요. 취업도 하지 않은 제가 일하는 친구들보다 부당한 노동 환경에 어떻게 항의하고 처리하는지를 더 잘 아는 게 가끔은 웃기더라고요. 이곳저곳에 연대를 다니면 한 달 교통비가 평균 10만 원 정도 나와요. 버스를 같이 타던 친구가 찍힌 요금을 보고 놀라더라고요. 어딜 그렇게 많이 돌아다녔느냐면서. 통신비랑 식비 등 한 달에 30만 원 이상은 고정 지출이 생기는 것 같아요.

요즘 가장 큰 고민은 취업이에요. 취업 시장이 어렵기도 하지만, 노동권 관련 시위에 함께하다 보니 여러 가지 부당한 일들과 열악한 노동 환경을 보게 되고, 선뜻 어디에 취업할 마음이 안 들더라고요. 그러다 보니 지금까지 취업을 계속 미루게 되었어요.

 최근에 가장 즐거웠던 일은 퀴어 퍼레이드에 참여했던 거예요. 올해 목표가 전국 퀴어 퍼레이드에 모두 참석하기였는데, 대전, 서울, 춘천, 인천, 대구, 제주, 부울경, 광주 등 총 8개의 국내 퀴퍼에 참석해 목표를 이뤘어요. 10월엔 대만에 가서 퀴어 퍼레이드를 즐겼고요. 올해 열린 대부분의 퀴퍼에 농민이 결합하여 더 뿌듯하고 즐거웠어요. 모든 퀴퍼에 참여해 플리 마켓 운영도 하고 부스 운영도 하다 보니 가끔은 활동가보다 더 활동가 같다는 말도 들어요. 그 밖에는 영화를 보거나 가끔 공연과 전시회에 가는데, 취향이 맞는 광장 동지들이 있어서 함께 보러 가기도 해요. 제가 세븐틴을 좋아해서 종종 응원봉을 들고 집회에 갔었는데, 똑같이 세븐틴을 좋아하는 어떤 동지가 그걸 보고 같이 가자고 해서 함께 콘서트를 보러 간 적이 있어요. 마침 사는 동네도 가까워서요. 콘서트장에 가 보니 여의도와 광화문에서 봤던 깃발이 몇 개 있더라고요. 탄핵 집회에서 제가 들고 다니던 무지개 깃발은 식민지역사박물관에 기증했어요. 지금은 '남태령' 깃발 제작자인 리우 작가님과 함께 만든 깃발을 들고 다니고 있어요."

▶▶▶ "최근에 바쁘게 했던 일은 차별금지법제정연대에서 진행하는 '백개의 광장 만개할 평등' 100인 영상 프로젝트예요. 지인 중에 차별금지법제정연대 활동가분이 차별금지법 관련해 발언한 제 인터뷰 기사를 보고 이 프로젝트에 참여했으면 좋겠다고 연락하셨어요. 저도 영상을 찍어 보냈고, 주변 동

지들도 참여하면 좋겠다 싶어서 연락을 돌리고 직접 가서 만나기도 했어요. 꼭 100명이 채워져 영상이 완성되고 차별금지법도 제정이 되었으면 좋겠어요. 요즘에는 조금 더 효과적인 연대를 위해 고민 중이에요. 퀴어 퍼레이드에서 플리 마켓 이름으로 지속해서 부스를 운영하고 있는데, 부스에서 판매자들의 수익금을 모아 후원하고 각종 투쟁 소식을 선전물과 함께 전파하며 서명도 받아요. 내년에도 이런 활동을 이어 가고 싶어요. 조심스러운 꿈은 제가 워낙 퀴어 퍼레이드를 좋아하다 보니 동지들과 함께 제가 사는 지역에서 퀴어 퍼레이드를 열고 싶어요. 지금은 말만 하고 있지만, 가능하다면 더 구체적으로 조직하고 준비해서 개최해 볼 생각이에요.”

예은

▶ “학교를 다니며 여전히 투쟁 현장을 다니고 있습니다. 아직 한화는 원청 교섭에 나오지 않고 있고, 옵티칼의 고용 승계는 이뤄지지 않았고, 세종호텔의 부당 해고는 철회되지 않았으니까요. 지혜복 동지는 여전히 거리에 있고……. 서면시장, 이수기업도 그렇고요. 그동안 못 읽은 논문과 책들도 좀 읽고, 좋아하는 배우도 쫓아다니고, 영화를 보기도 해요. 얼마 전엔 옵티칼의 에이펙 투쟁에 결합했어요. 매일매일 뉴스에선 무슨 계약이 성사되고, 어느 귀빈이 오고 이런 소식이

들리는데, 국제적 기업에 책임을 묻는 보도는 없더라고요. 아직도 싸워야 할 것이 많은 것 같습니다. 그때 다큐 촬영도 같이 했는데, 곧 보도될 거라 방영을 기다리고 있기도 해요.”

▶▶ “일상의 소소한 변화는 크게 없어요. 강아지랑 같이 자고 일어나서 학교 가고 알바하러 가는 그런 일상 속에서, 집회나 투쟁이 있으면 나가죠. 일과 속에 특별함은 별로 없는 것 같아요. 이전엔 집회나 투쟁이 특별한 일이었지만, 이젠 일상 같아서요. 다른 게 있다면 제가 새우를 좋아해서 새우를 많이 먹었네요.

상경 투쟁이 끝난 지 오래인데 아직까지 방 정리를 제대로 못 하고 있어 방 정리를 해야겠다고 생각하고 있고……. 아, 이전에는 영화나 드라마를 그냥 봤는데, 요즘엔 ‘저거 투쟁해야 하는데……’ 하고 생각할 때가 있어요. 최근에 〈어쩔 수가없다〉에 좋아하는 배우가 나와서 봤는데, ‘실업은 내 잘못이 아니다!’라는 대사가 나오더라고요. 그걸 보면서 ‘해고는 살인이다라고 외치면 좋을 텐데’ 하는 생각을 했어요.

강아지가 대략 9살 정도가 되어서 조금 아파요. 항상 저랑 자던 강아지라 마음이 조금 그런 상태로 지내요. 푸들인데 되게 작거든요. 작아서 언제나 애기라고 생각했는데. 빈티지 옷 가게에서 옷을 사는 걸 좋아하는데, 최근에 아주 마음에 드는 옷을 사서 기분이 좋았어요.”

▶▶▶ “엄청 바쁘다는 생각은 별로 안 들어요. 개인적인 건강과 생활을 챙기고 가족이랑 시간을 보내려고 노력하고 있어

요. 이제 연말이니 다이어리도 새로 사서 꾸며야 하고요.”

샤샤

▶ “인터뷰 이후 8월 5일에 법적 성별 정정이 이뤄져 온갖 응원과 욕설을 받으며 온갖 서류를 수정하느라 한 달이 지났습니다. 9월까지 출근하다가, 일을 마무리한 후로는 수능 공부와 사회주의 공부를 열심히 했습니다. 11월 13일 수능을 치른 이후 다음세대재단의 인권 운동 지원 사업으로 선정된 차별금지법에 대한 보드게임 제작에 참여했고, 11월 29일 대구에서 열린 ‘테이블톱 롤플레잉 게임TRPG’ 행사의 ‘퀴어 플레이 데이’ 진행을 위한 시나리오를 제작했습니다.”

▶▶ “일정하게 출근하지를 않으니 딱히 정해진 일과는 없네요. 일어나는 시간을 조금씩 오전으로 당기려고 노력하면서 자고, 일어나면 밥해 먹고, 설거지하고, 집 청소를 하거나, 사회주의 공부를 하거나, 게임 제작을 하거나, 투쟁 현장에 나서고, 다시 어제보다는 일찍 일어나려고 잠드는 일상을 계속하고 있어요.

조금 특별한 변화로는 수능이 끝나고 미뤄 둔 집 청소를 해냈다든지, 지금까지 다니던 학교밖청소년지원센터가 장소를 이전해서 개소식에 참여했다든지, 그때 신고 갔던 신발이 너무 헐었다는 이유로 센터장님이 청소년을 제대로 챙기지 못했다는 말을 들어 그다음 행사에는 가지 못했다든지 하는 일이 있었어요. 만 24세가 지나게 되었다는 것은 제 인생에만 두고 보면 계엄만큼 큰 이벤트였는데, 그게 영 좋지 않게 마무리된 것 같아 마음이 안 좋은 상태입니다.

들고 다니던 피켓이 슬슬 낡아서 보내 줄 때가 된 것 같기도 해요. 어딜 보완해서 새로 만들지 고민하고 있어요.

지금의 머리 길이가 너무 오랜만이라 낯설어서 어떻게 다듬을지 고민하는 매일매일을 보내고도 있습니다."

▶▶▶ "보드게임 제작을 아주 열심히 하고 있습니다. 게임, 그림, 이야기, 뭐든지 창작하는 일을 제일 자발적으로 하는 것 같아요. 아마 한 2월까지는 이 일을 주력으로 아주 열심히, 그리고 2월부터는 조금씩 설렁설렁 하면서 마지막(이 되길 바라는) 수능 공부를 하려고 합니다. 내후년에는 대학에 가고 싶어요. 그런데 대학들이 제가 듣고 싶어하는 수업을 잘 안 열어서 제 마음대로 될지는 잘 모르겠네요."

지희

▶ "지난 인터뷰에서 말씀드렸던 금정주민대회를 진행했어요. 7월부터 주민들께서 살기 좋은 금정구를 위한 1405개의 정책을 제안해 주셨고, 이 정책을 심의해 '금정 주민 10대 요구안'을 만들었어요. 주민 요구안의 순위를 결정하는 주민

투표에는 2500명의 주민이 참여해 11월 1일 금정주민대회에서 100여 명의 주민과 함께 금정구의 주인은 금정 주민임을 선언했습니다.

'청년, 오늘'은 10·16 부마민주항쟁 43주년을 맞아 강연과 기행을 진행했고, 지금은 연말을 맞아 봉사 활동인 '사랑의 몰래 산타'를 준비하고 있습니다. 청년과 지역 사회를 잇는 '청년, 오늘'의 시그니처 활동입니다.

늘 그랬던 것처럼 변함없이 지역에서 주민과 청년들을 만나기 위해 발로 뛰고 있습니다."

▶▶ "아침에 커피 한 잔과 함께 출근하면서 하루 일과를 정리해요. 출근해서는 기사를 읽는 것으로 하루를 시작해요. 그 이후에는 당면한 사업과 활동을 준비하거나 거리에서 주민과 청년을 만나고 있어요.

특별한 변화라고 하면, 요즘 게시하는 제 현수막(진보당 금정구위원회 공동위원장)에 제 개인 번호를 적어 뒀어요. 번호를 보고 직접 연락 주시는 분들이 많아요. 민생 상담부터 각종 민원까지 다양하게 전화를 주세요. 믿고 연락 주신다는 것이 감사한 하루예요. 이제는 모르는 전화번호를 무조건 받는 제 모습도 변화된 일상 중 하나인 것 같습니다."

▶▶▶ "광장에서 나눈 새 세상을 향한 열망이 우리 동네, 일상 속에도 피어날 수 있도록 지역 활동을 하고 있어요. 청년이 정치의 주인이 되고 주민이 지역의 주인이 될 수 있도록 말이죠. 이를 위해 내년 지방 선거에서는 주민과 가장 가까이에서

호흡하고 소통할 수 있는 구의원에 도전해 보려고 해요.

지역에서 지역위원장으로서 주민과 청년을 만나며 대화 나누는 하루들이 매일인 것 같아요. 지역 사안에 대한 토론회에 패널로 참가하기도 하며 정치 행보를 이어 가고 있습니다.

광장에서 부산 시민들과 함께 나눈 마음을 지역 곳곳에 뿌려 정치 세력화를 만들어 내고 싶어요."

순부

▶ "국회에서 혼인 평등에 관한 국제 콘퍼런스를 개최했습니다. 무지개행동 활동가대회를 열어 전국의 성소수자 인권 활동가들과 운동의 전망을 논의하고 결의를 모았고요. 상임 활동가 한 명을 추가로 채용해 동료를 얻었습니다. 일하는 조직이 성장하는, 바쁘지만 보람된 시기였습니다."

▶▶ "기본적으로 후암동 집에서 공덕동 사무실을 오가며 지냅니다. 혼인 평등법을 비롯한 다양한 입법 대응을 위해 국회 출입도 늘어나는 편이고요. 최근 즐거웠던 것은 인구주택총조사에서 동성 배우자를 기입할 수 있게 된 뜻깊은 변화예요. 운동과 밀접하지 않은 관계를 가진 친구나 동료들이 기뻐하는 모습이 뭉클했습니다."

▶▶▶ "성소수자 인권 운동의 구심을 강하게 하자는 결의에 따라 무지개행동 사무국을 설치하게 된 일입니다. 그 초기

작업으로 뼈대를 갖춰 나가기 위한 다양한 노력을 하고 있습니다. 소식에 관심 기울여 주고 후원으로 힘 실어 주실 동료를 늘리고 싶습니다."

승유

▶ "1년간 많은 일이 일어났지만, 인터뷰 이후에도 많은 변화가 있었습니다. 계엄과 광장에서의 연대를 경험하며 내가 하고 싶은 일을 찾았어요. 나를 위한 일이 아니라 모두의 삶을 바꾸기 위한 일을 하고 싶다는 것이었죠. 공공운수노조 산하 노동조합 조직에 상근 활동가로 면접을 보아 최종 채용되어서 지부에서 근무하고 있습니다."

▶▶ "위에 얘기한 것처럼 노동조합에서 근무하고 있습니다. 마침 임단협으로 바쁜 시즌에 채용되어서 정신없이 보내고 있어요. 평일에는 지부에서 근무하고, 주말이나 여가 시간에는 가능한 만큼 투쟁 연대를 다니고 있습니다."

▶▶▶ "내가 이 일을 하고 싶었던 이유를 잊지 않으려고 해요. 가능한 만큼 연대를 지속하면서 소모되지 않으려고 노력합니다. 아직 부족하지만 친구들이 직장에서 힘든 일이 있을 때 상담하고 도와주곤 합니다. 그래서 이 시대를 살아가는 우리가 우리 삶을 사랑하고 바꾸어 나갈 의지를 가질 수 있게 되면 좋겠습니다."